행복한 직장생활을 위한
인생 특강

꿈꾸는 직장

김동영 지음

BM 성안당

꿈꾸는 직장인이
행복한 직장인이다

"인생은 멀리서 보면 희극이지만, 가까이서 보면 비극이다."

찰리 채플린의 말이다. 그렇다. 이 세상에 고달프지 않은 삶은 없다. 자세히 들여다보면 누구나 남모를 아픔 한두 가지는 꼭 있게 마련이다. 석가모니는 보리수나무 아래서 오랫동안 번뇌와 수련 끝에 삶에 대해 '모든 것이 고통'이라고 했다. 오죽했으면 누구는 지구를 좌절의 별이라고까지 했겠는가. 그만큼 우리 인생이 녹록지 않다는 말이다. 직장생활 또한 우리 삶의 일부이며, 직장은 일상생활보다 몇 배 더 힘든 곳이자 끊임없는 변화와 갈등, 시련 등으로 점철된 고단한 삶의 현장이다.

나는 대학교 때 멋있어 보이고 재미있는 일을 하고 싶었다. 당시 어린 나의 눈에는 007가방을 들고 세계를 누비면서 비즈니스를 하는 상사맨이 그렇게 멋있어 보였다. 그래서 삼성물산을 선택했다. 나는 원하는 직장에만 들어가면 정말 즐겁게 일할 줄 알았다. 하지만 이런 생각은 회사에 입사한 후 얼마 가지 못했다. 입사하고 1년이 채 되지 않아 외환위기가 터졌고, 그로 인해 내 의지와는 전혀 무관하게 관계사로 전배를 가야만 했다.

때로는 일하던 부서가 영업 실적 악화로 하루아침에 없어지기도 했다. 직장생활을 하면서 이런저런 이유로 어쩔 수 없이 이 부서 저 부서를 옮겨 다니는 보트피플의 서러움도 맛보아야만 했다. 물론 여러 부서에서 다양한 업무를 경험하고, 많은 사람들과의 만남을 통하여 인간에 대해 많이 생각하고 이해할 수 있었던 기회이기도 했다. 하지만 여러 부서를 옮겨 다니면서 새로운 환경에 적응하는 일은 결코 만만한 일이 아니었다. 여러 번의 변화를 겪는 과정에서 마음고생도 많이 했고, 인고의 시간이었다.

그러나 나는 그 시간을 통해 인간은 시련과 고통 속에서 깊은 사색과 성찰의 시간을 갖게 된다는 것을 배울 수 있었다. 또한, 운이 좋게도 그 변화의 과정에서 하고 싶은 일들을 모두 해 볼 수 있었고, 직장생활 10년 만에 '사람들이 꿈을 찾고 이루면서 개인의 역량을 개발할 수 있도록 동기부여하고 돕는 인재 개발 프로 강사가 되겠다.'는 가슴 뛰는 꿈을 찾을 수 있었다.

나는 꿈을 찾고 나서 삼성에서 하고 싶은 일을 다 해 본 후에, 책을 쓰고 프로 강사의 삶을 살겠다는 인생 설계를 했다. 그리고 책을 읽고 강의를 듣고 직장생활을 통해 깨달은 삶의 원리들을 정리하고 연구하면서 꿈을 위해 치열하게 살았다. 그렇게 노력한 지 10년 만에 나는 목표한 것들을 다 이룰 수 있게 되었다.

나는 10년 전 꿈꾸었던 대로 전문 강사로서의 삶을 살기 위해 20년 직장인으로서의 삶에 마침표를 찍고 삼성이라는 항공모함을 나왔다. 그리고 지금 나는 직장인, 학생들을 대상으로 성공적인 경력 설계, 꿈을 이루는 실천 노하우와 행복 원리, 글로벌 비즈니스 등에 대해 강의를 하며 제2의 인생을 살고 있다.

직장생활은 장기 전세 계약과 같다. 결국 언젠가는 회사를 떠나야 한다. 이왕 떠날 바에는 자신이 계획한 대로 떠나야 한다. 자기 주도적으로 움직여야 한다는 말이다. 그러기 위해서는 꿈이 있어야 한다. 꿈이 있다는 말은 자신이 가야 할 곳이 있다는 것이며, 경력 설계가 되어 있다는 말이기도 하다. 경력 설계는 인생 설계라는 말로도 표현될 수 있으며, 장기적인 로드맵이라고도 할 수 있다. 자신만의 인생 로드맵이 있으면 직장생활을 좀 더 즐겁게 할 수 있다. 또한 시련이 찾아와도 빨리 극복할 수 있다.

인생 설계, 즉 꿈의 설계는 가능한 구체적으로 해야 한다. 향후 몇 년 후에 어떤 일을 하고, 어떻게 성장할 것이며, 회사를 떠날 때는 자신이 어떤 직무에서 어느 수준까지 전문성을 확보할 것인가를 최대한 자세히 정해 놓아야 한다. 그리고 그 정해 놓은 것에 따라 노아가 방주를 준비하듯이 차근차근 준비해야 한다. 그것도 위기의식을 갖고 절실히 말이다. 그래야만 위기가 와도 덜 당황하고 잘 대처할 수 있다.

지난 직장생활을 돌이켜 보면 나는 꿈이 없을 때도 하루하루를 열심히 살았다. 하지만 그냥 조직에서 살아남기 위한 몸부림에 불과했다. 온갖 짜증과 힘듦을 참아가며 앞만 보고 열심히 살았던 것이다. 내가 어디로 가야할지를 모른 채 말이다. 그러다 보니, 순간순간을 즐기지 못했고, 소중한 시간을 좀 더 유용하게 쓰지 못했다는 아쉬움이 많이 남는다.

만약 누군가가 직장생활을 통해 깨달은 삶의 원리를 나의 젊은 시절에 제대로 가르쳐 주었다면 직장생활을 좀 더 생산적이고 즐겁게 보내지 않았겠는가 하는 생각도 해 본다. 삶의 원리를 알고 생활하는 것과 그렇지 않은 것은 분명 차이가 나기 때문이다. 원리를 배우고 생활하면 그만큼 시행착오를 줄일 수 있다.

나는 이 책을 통하여 실제적인 직장생활의 모습을 담아내고 싶었다. 그리고 그 속에서 깨달은 즐거운 직장생활을 위한 행복 원리와 구체적인 실천 노하우를 정리해서 많은 직장인과 함께 공유하고 싶었다. 직장에서 시름하고 힘들어하며 방황하고 있는 직장인들에게 조금이나마 위로와 용기, 희망과 도움을 주고 싶었기 때문이다. 이것이 이 책을 쓰게 된 출발점이다.

이 책은 나 자신이 직접 임상실험의 대상자가 되어 직장생활 20년 동안 겪은 실제 경험을 바탕으로 관찰하고 연구하면서 검증된 직장생활의 행복 원리와 지금까지 37개의 크고 작은 꿈을 이루어 오면서 깨우친 꿈을 이루는 실천 노하우를 정리한 것이다. 또한 직장생활의 실체를 분석하고 설명하고 있는 행복한 직장생활에 대한 안내서라고도 할 수 있다. 준비 기간만 10년이며, 오랫동안 심혈을 기울이고, 깊은 사색과 정성을 들여서 만든 책이다. 한 꼭지 글을 쓰기 위하여 실제 경험뿐만 아니라 적합한 사례를 찾기 위해서 관련 서적을 읽었고, 여러 사람을 만나 인터뷰를 하는 등 대한민국 직장인이라면 누구나 이해하고 공감할 수 있도록 최대한 알기 쉽게 정리해서 담으려고 노력했다.

이 책이 전달하고자 하는 직장 행복의 핵심 원리는 간단하다. 직장생활이 행복하려면 지금 하는 일이 재미있어야 하고, 그 일이 자신의 미래와도 연결되어야 한다는 것이다. 그러기 위해서는 꿈이 있어야 한다. 즉, 꿈이 있으면 지금 하는 일들이 재밌어지고, 그 일을 열심히 하다 보면 꿈이 이루어진다는 말이다. 또한 꿈을 찾게 되면 지금 하는 모든 일이 미래의 꿈과도 연결된다는 것을 깨닫게 된다.

어떤 일이든 원리를 깨닫고 나면 그때부터 세상이 보이기 시작한다. 그리고 우리는 알게 된다. 성공과 행복 원리는 간단하다는 것을. 또한 우리는 그 원리를 이미 알고 있다는 것을. 단지 경험하지 않았기 때문에 머리로만 알고 있고 가슴으로 느끼지 못할 뿐이다. 세상 모든 일이 아는 것만큼 보이고 느끼는 것만큼 실행하게 되어 있다.

나는 이 책이 독자 한 명에게라도 즐겁고 의미 있는 직장생활을 하는 데 도움이 된다면 나의 소기의 목적은 다한 것이라고 생각한다. 또한 이 책을 통하여 직장이 어떤 곳이고, 그곳에서의 행복 원리가 무엇인지를 직장인들이 좀 더 알게 되어, 시행착오를 줄이고 행복한 직장생활을 하는 데 조금이나마 보탬이 되길 바란다. 그리고 꿈이 있는 삶을 살 수 있기를 바란다. 꿈꾸는 직장인이 바로 행복한 직장인이기 때문이다.

직장생활은 자신을 알아가는 과정이자, 꿈을 찾고 그 꿈을 이루어가는 여정이다. 이 책이 녹록지 않은 그 긴 여정을 즐겁게 헤쳐 가는 데 길라잡이가 되길 바란다.

2017. 5
김동영

제**1**부

행복한 직장생활은
정확한
현실 인식에서 시작된다

직장에 대한 냉정한 현실 인식을 갖고,
낙관주의적 마인드로 생활하라.
그것이 녹록지 않은 직장생활에서
즐겁게 살아남는 최선의 방법이다.

01 직장에 대한
첫 번째 깨달음

나는 원하는 직장에 들어가면 불행 끝, 행복 시작! 정말 즐겁게 일할 줄 알았다. 하지만 이것은 화살이 과녁을 빗나가도 한참을 빗나간 생각이었다. 직장은 나의 순진한 생각과는 거리가 먼 다른 세상이었다.

"김 주임, 영업에서는 숫자가 인격이야! 지금 숫자를 못 내고 있는 당신은 아무것도 아니야. 낫씽(Nothing)이야, 낫씽!"

실적회의 때마다 직장 상사인 A 부장이 나에게 한 말이다. 회의시간마다 A 부장은 굶주린 호랑이가 먹잇감을 찾은 듯 나를 표적으로 삼아 집중적으로 몰아붙였다. 당시 새 부서로 와서 해외 영업 경험이 짧은 내가 아주 만만한 대상이었던 것 같다.

A 부장은 당시 '독사'라는 별명이 있을 정도로 업무적으로 매우 철저하면서도 부하 직원들에게 심한 말을 하고, 한번 찍히면 죽음이라고 할

정도로 아주 독한 직장 상사였다. 부하 직원을 한번 깨기 시작하면 한두 시간은 기본이었고, 그의 한 마디 한 마디는 날카로운 칼날이 되어 나의 가슴을 후벼 파고들었다. 매에는 장사 없다고 했던가? 계속해서 집중적으로 얻어맞다 보니 나의 자신감은 완전 바닥을 쳤고, A 부장 앞에만 가면 기가 죽어서 말도 제대로 못 할 정도였다.

그러다 보니, "운명은 역량이 모자라는 자에게 더욱 강하게 힘을 발휘한다."는 마키아벨리의 말처럼 나를 향한 A 부장의 말 수위는 날이 갈수록 더해만 갔다. 언제부턴가는 A 부장으로부터 괴롭힘을 당하는 꿈을 자주 꾸었고, 아침에 눈 뜨기가 무서울 정도였다. 회사 가기가 부담스럽고 정말 죽을 맛이었다. 마치 도살장에 끌려가는 소처럼 말이다.

A 부장으로부터 뭐라고 한소리를 듣는 날이면 잠을 이룰 수가 없어서 칼바람이 몰아치는 추운 한겨울에도 집 주변을 배회할 때가 많았다. 매일같이 퇴근 후에는 걸으면서 '이 위기를 어떻게 헤쳐가야 하나.'를 고민하면서 하루하루를 버텼다. '암울하고 끝 모를 이 어두운 긴 터널은 언제 끝날까?'라고 되새기면서 말이다. 지금 돌이켜 봐도 다시는 돌아가고 싶지 않은 정말 힘든 시절이었다.

직장 상사로부터 호되게 깨지면서 눈물겨운 하루하루를 보내고 있던 어느 날, 내 마음을 울린 문장이 하나 있었다.

"청춘은 아직 비극에 노출되지 않은 생명이다."

영국의 철학자 화이트헤드(Whitehead, 1861-1947)가 한 말인데, 내 자신이 이미 비극에 노출된 생명이라고 느꼈던 걸까, 보는 순간 나도 모르게 눈물이 핑 돌았다. 이 말은 그가 70세를 넘긴 나이에 한 말이라고 하는데, 노학자가 인생을 비극이라고 말한 것을 보면 그도 살아보니 인생이 참 고달팠던 모양이다. 그래서 인생을 비극이라고 했던 것 같다. 청춘을 다가올 비극에 노출되지 않은 생명이라고 비유한 것은 정말 기막힌 표현이자 우리 삶을 꿰뚫어 보는 통찰력 있는 말이라는 생각이 든다. 감탄이 절로 나오는 문장이다.

난 회사에 이제 막 입사해서 직장생활을 시작하는 신입사원들에게 이런 얘기를 해 주고 싶다.

"신입사원은 다가올 온갖 짜증과 시련에 물들지 않은 생명이다."

몇 개의 단어만 살짝 바꾸어서 패러디한 것일 뿐인데 새로운 명언이 나온 느낌이다.

직장생활의 고단함은 산 넘어 산이다. 자신이 지금 당장 만난 독한 직장상사와 헤어지기만 하면 행복할 것 같지만, 직장에는 그에 못지 않은 독한 상사들이 많다는 사실이다. 또한 문제는 직장에는 나를 힘들게 하는 게 독한 상사만 있는 게 아니라는 거다. 일일이 열거하자면 힘든 일들이 너무 많다.

직장에는 독한 상사를 넘어 진상, 화상, 또라이상사도 있다. 그뿐이랴. 상사 때문이라면 그나마 참을 만하다. 이놈의 예의 바르지 못한 부하 직원 때문에 울화통이 터지는 날도 부지기수다. 그리고 주변에는 자신을 험담하는 인간들도 있다. 그뿐만 아니라 그들의 부정적인 말들로 인해 억울하고 분노가 치미는 경우도 있다.

얘기한 김에 직장에서 짜증나는 일들을 좀 더 열거해 보겠다.

'상사가 자신을 인정해 주지 않는다', '무시한다', '하기 싫은 일을 시킨다', '툭하면 다음 날 아침에 보고해야 한다면서 그때까지는 무조건 완료하라고 한다', '참석하기 싫은 술자리는 왜 이렇게도 많은가', '그 자리에 가면 상사의 정말 재미없는 아재 개그까지 들어줘야 한다', '원하지 않는 부서에 발령이 났다', '지금의 부서가 없어졌다', '자신의 의지와는 다르게 생전 해보지도 않은 업무를 해야 한다', '새로운 부서 사람들의 견제가 심하다', '열심히 했는데도 승진에서 누락되었다', '예상 밖의 좋지 않은 고과를 받았다' 등.

이런 일들로 매일매일 스트레스를 받는 곳이 바로 직장이다. 직장인들은 스트레스를 견디다 못해 병까지 얻기도 한다. 직장을 온전히 다니는 것만으로도 존경과 감탄할 일이며 기적 같은 일이다.

《천 번을 흔들려야 어른이 된다》는 책도 있지만, 직장에서는 어른이 되어도 계속 흔들린다. 나 또한 불혹을 훌쩍 넘긴 나이임에도 불구하고 아직도 흔들리고 있으니 말이다. 아직 어른이 되지 못해서일 수도 있다. 사실 난 흔들리고 싶지 않은데, 직장에만 가면 주변에서 가만두지를 않는다는 거다. 나이가 들면 들수록 직장생활이 참 어렵다는 게 온몸으로 느껴져 온다.

직장인이라면 누구나 앓고 있는 병이 있다. 바로 월요병이다. 일요일 늦은 밤 개그콘서트가 끝날 무렵이면 왠지 기분이 가라앉기도 한다. 이유 모를 우울함이 밀려오고 회사 가는 게 굉장히 부담스러운 때도 있다. 대학 시절부터 그렇게 가고 싶었던 꿈의 직장인데도 말이다. 난 직장에 들어와서 알게 되었다. 직장은 내가 생각한 것과는 달라도 너무 많이 다른 곳이라는 것을.

'직장은 한 마디로 짜증의 도가니탕이다.'

이것이 직장에 대한 나의 첫 번째 깨달음이다.

행복한 직장생활! 회사가 해줄 것에서 찾으려고 하면 미션 임파서블이다. 하지만, 자신이 스스로 만들려고 하면 미션 파서블이다.

최고의
인재사관학교

직장생활은 동전의 양면과도 같다. 직장은 일과 사람으로 인해 스트레스를 받아야 하는 힘든 면도 있지만, 남들은 돈을 주고 배우는 외국어 강의, 프레젠테이션 방법, 보고서 작성법, 협상 기술, 옷 잘 입는 법, 테이블 매너 등 각종 교육을 돈을 받으면서 배울 수 있다는 긍정적인 면도 있기 때문이다. 그뿐만 아니라 다양한 일에 대한 경험도 하고, 뜻하지 않은 문제들로 실패나 좌절, 방황도 하며, 시련이나 역경을 이겨내는 과정을 통하여 학교나 책에서 배운 성공이나 행복 원리를 실제 경험을 통해 배우기도 한다. 이처럼 **직장은 다양한 일의 경험과 교육의 기회를 제공하며, 그 과정 속에서 삶의 지혜와 소중한 가치를 배우는 최고의 인재사관학교이다.**

나 또한 삼성에 입사해서 다양한 부서를 경험하였고 많은 일을 배웠다. 입사해서는 광고 판촉팀에서 국제 이벤트 업무를 시작으로 영업 기획 업무를 잠시 거친 후에 많은 시간을 상사맨으로 다양한 품목을 가지고 해외 영업을 하였다. 국내 제품을 수출하기도 하고, 타 국가에서 제품을 구매해서 다시 다른 국가로 판매도 하였다. 이를 통해 해외 제품 판매를 위한 매매계약서 작성에서부터 체결까지의 전 과정을 배울 수 있었다. 또한 판매한 제품의 품질 문제로 해외 고객사와 오랫동안 피 말리는 협상도 해 보았고, 그 과정에서 협상의 기술도 많이 배웠다. 인도 지역을 연구하는 지역 전문가 과정의 기회도 얻었고, 인도 주재원으로서 해외에서 비즈니스를 해 보는 경험도 얻었다. 특히, 인도에서의 주재 경험은 일 뿐만 아니라 여러모로 값진 경험을 할 수 있었던 배움의 시간이었다.

내가 지역 전문가로 가서 공부하고, 주재원으로서 활동한 인도라는 나라는 아직도 많은 면에서 불편한 곳이다. 특히 사람을 끊임없이 인내의 시험대에 올려놓는다. 인도에서 교육 연수를 받고 있을 때, 하루는 저녁 늦게 귀가하여 샤워하려고 수도꼭지를 틀었는데, 물이 나오지 않는 것이었다. 당시 인도의 날씨는 40℃를 오르내리는 한증막 같은 무더위였고, 난 온종일 시장조사를 위해 돌아다닌 터라 온몸이 땀으로 찌들어 있었는데 말이다. 몹시 짜증이 나는 상황이었지만 어찌할 도리가 없었다. 그 날은 땀 냄새를 맡으며 끈적끈적한 몸으로 그냥 잠자리에 들 수밖에 없었다.

한번은 출근을 위해서 머리를 감는데, 갑자기 고약한 냄새가 진동하면서 시커먼 녹물이 쏟아져 나왔다. 정말 황당한 일이 아닐 수 없었다.

그날도 하는 수 없이 생수로 비누와 녹물만 간단히 헹구고 출근을 할 수밖에 없었다. 이처럼 인도에서 생활하다 보면 사람을 당황스럽게 하는 일들이 빈번하게 일어난다.

인도에 있으면 이런 고단함은 서막에 불과할 뿐이다. 인도는 난폭 운전이 심해서 외국인이 운전하기가 정말 위험한 곳이다. 그래서 외국인들은 모두 운전기사를 두고 있는데, 이 운전기사가 항상 속을 썩인다. 걸핏하면 출근하지 않고, 음주 운전을 한다. 자동차 기름을 몰래 빼서 팔아먹는 것은 이미 오래전부터 관례화되어 있는 일이다.

인도에는 운전기사만 속을 썩이는 게 아니다. 집에서 일하는 가정부도 문제다. 집주인이 집을 비운 사이 물건들을 훔쳐가는 경우가 종종 발생한다. 인도에는 이렇게 손버릇이 나쁜 가정부도 많다. 뿐만 아니라 집을 지키는 경비원도 문제가 있다. 경비원이 도둑과 몰래 짜고 집을 침입하여 도둑질하는 경우도 있기 때문이다. 이런 일들로 인해 인도에서 함께 주재했던 한 지인은 수시로 살인 충동까지 느꼈다고 한다.

인도에 있으면 제일 불편한 것 중 하나가 바로 병원 시설이 열악하다는 것이다. 인도는 공기가 나쁘고, 물도 좋지 않다. 이름 모를 병균들도 활개 친다. 하지만 병원 시설은 열악하고 위생 관리가 철저하지 못하다. 그래서 병을 고치러 병원에 갔다가 오히려 병을 얻어 오는 경우도 많다. 대부분이 오진과 위생 문제로 인한 2차 감염 때문이다.

이처럼 인도에서는 상식을 벗어나는 많은 일들 때문에 스트레스도 엄청나게 받는다. 이런 것들을 겪으면서 드는 생각이 하나 있다. 인도에서 오래 생활하면 수명은 단축된다는 것이다. 앞서 얘기한 모든 것들이 바로 수명을 단축하는 이유다. 물론 이건 전적으로 나의 개인적인 생각이지만, 좌우간 그만큼 힘들다는 말이다.

외국에 나오면 모두가 애국자가 된다는 말이 있다. 우리가 매일 마시는 공기와 같이 아무리 소중한 것이라도 항상 곁에 있으면 그 소중함을 잘 모른다. 그것이 사람이든, 사물이든 곁에서 없어져 봐야 그 가치를 알게 된다. 이런 불편한 곳에서 살다 보면 대한민국이 정말 살기 좋은 나라라는 것을 절실히 깨닫게 된다. 대한민국에서 태어난 것이 정말 감사할 따름이다.

지금까지 얘기한 바와 같이 인도 체험은 나 자신이 지금껏 얼마나 풍요로운 환경에서 살아왔는지를 다시금 일깨워 준 기회였다. 비록 짜증나고 많이 힘들었지만, 나를 단련시키고 삶의 자양분이 되는 마음의 보약을 많이 먹은 시간이었다. 행복은 먼 곳에 있는 것이 아니라, 일상의 조그마한 것에서 찾을 수 있다는 것을 다시 한 번 절실히 깨닫게 해 준 값진 시간이기도 했다. 이 또한 직장 경험을 통해서 얻은 배움이다.

나는 인도 주재 기간을 마치고 본사로 복귀하면서 큰 변화를 시도했다. 오랫동안 하고 싶었던 인재 개발 부서로의 직무전환이었다. 간절히 바라면 꿈은 이루어진다고 했던가? 마음에 품고 준비한 지 7년 만에 희망한 부서로 가게 되었다. 나는 새로운 부서에서 교육 기획, 과정 개발, 운영까지 해 보는 기회를 얻었고, 사내 강의를 하면서 미래의 꿈, 인재 개발 전문 강사가 되기 위한 사내 강사의 경험도 쌓을 수 있었다. 그 과정에서 명강사라는 소리도 들었다.

이처럼 직장생활을 통해 다양한 부서와 다채로운 업무를 경험하면서 실수와 실패, 좌절 등 아픔도 있었고, 때로는 정말 견디기 어려울 만큼 힘들 때도 있었다. 하지만 직장생활을 통하여 여러 직무 경험뿐만 아니라 20여 개국 60여 개 도시를 다니면서 다양한 사람들을 만나고 문화도 체험하면서, 예전에 알지 못했던 넓은 세상에 대한 시야를 넓힐 수 있었다. 이 모든 경험과 배움은 직장이라는 곳을 통해서 가능했다. 이처럼 직장은 분명 나를 성장시킨 최고의 인재사관학교임은 틀림없다.

직장은 돈을 받으며 다양한 경험을 쌓고 배우면서 자신을 성장시키는 최고의 인재사관학교이다.

03 직장생활은 장기 전세 계약이다

직장생활은 장기 전세 계약에 비유할 수 있다. 직장인은 고용주와 고용계약을 맺고 계약 기간 동안 직장에서 일하면서 그 대가로 매월 급여를 받는다. 즉 직장인은 전세 들어 사는 세입자의 입장이라 할 수 있다. 세입자는 계약 기간이 종료되거나, 중도에 집주인이 집을 비워달라고 하면 집을 비워줘야 한다. 직장인 또한 회사의 주인이 아니므로 회사 오너가 회사를 나가 달라고 하면 속절없이 떠날 수밖에 없다. 만약 평생을 회사밖에 모르고 열심히 살아온 직장인이 어느 날 갑자기 해고 통보를 받는다면 어떤 심정일까? 그것도 아무런 준비 없이 말이다. 부연 설명을 하지 않더라도 그 충격은 가히 짐작이 가고도 남을 것이다.

예전 같으면 회사 규정을 어기거나 회사에 큰 피해를 주는 경우

등 큰 과오를 범하지 않는 이상은 오랫동안 회사에서 근무할 수 있는 분위기였다. 하지만 요즘과 같이 구조조정이 상시화되고 있는 상황에서는 언제 어떻게 회사에서 잘릴지 모를 일이다. 이제 안전지대는 없다고 봐야 한다. 앞으로는 예고 없이 직장에서 일방적으로 내몰리는 일들이 더욱더 빈번히 일어날 것으로 보인다. 이것이 우리가 처한 오늘의 현실이다.

전셋집을 살다 보면 전세 기간이 많이 남아 있다는 이유로 떠날 때를 미리미리 준비하지 않는 경우가 많다. 가끔은 전셋집이 내 집처럼 착각이 들 때도 있다. 그렇게 마음 놓고 있다가 재계약이 임박해서야 고민하기 시작한다. 만약, 재계약 시점에 전셋값이 오르지 않으면 다행이다. 문제는 전셋값을 올려달라고 하는데 모아둔 돈이 없는 경우다. 그때부터는 문제가 심각해진다. 아이들 교육을 생각하면 지금 살고 있는 동네에 있어야 하는데, 저축해 놓은 돈은 없고, 무리해서라도 대출을 받아야 하는지, 아니면 형편에 맞게 다른 곳으로 이사를 해야 하는지 등의 고민과 걱정으로 잠 못 이루는 밤을 보낼 수도 있다. '이럴 줄 알았으면 좀 더 열심히 저축해 놓을걸.' 하고 후회하면서 말이다.

이런 상황은 비단 전셋집만의 문제가 아니다. 많은 직장인에게 비슷한 상황이 벌어지고 있다. '나는 직장에서 있을 수 있는 시간이 아직 많이 남아 있어. 그때 가서 고민하면 되지. 열심히 일하면 잘될 거야.'라는 안일한 생각으로 회사에 다니는 직장인들이 정말 많다는 것이다. 자신만큼은 회사에서 오랫동안 잘 다닐 수 있을 거라는 근거 없는 기대를 하면서 말이다. 그러다 막상 회사에서 잘리기라도 하면 어쩔 것인가? 그때 가서 "내 평생을 바쳐가면서 일했는데, 어떻게 나를 내팽개칠 수 있느냐?"고 회사에 원망이라도 할 것인가?

물론 그때 갈 데라도 있으면 다행이다. 하지만 아이들 학비 등 앞으로 들어갈 돈은 많은데, 평소에 퇴직 후를 변변히 준비해 놓지 않고 있다가 나이는 들고 전문성도 없어서 재취업 자리를 찾기가 어려운 상황이라면 정말 대책이 없는 것이다. 그런 상황이 벌어지고 나서 후회하고 한탄을 해봤자 무슨 소용이 있겠는가?

나 역시 직장을 다니면서 아주 심한 스트레스를 받은 적이 있다. 그래서 회사를 그만두는 것에 대해 몇 날 며칠을 심각하게 고민도 해 봤다. 그때마다 새로운 직장으로 이직 또는 내 사업을 해야겠다는 생각도 해 봤지만, 막상 그 생각을 실행하려고 하니 사실 용기가 나지 않았다. '회사는 전쟁터이지만 밖은 지옥이다'라는 말처럼 잘 다니는 회사를 그만두고 험한 바깥세상으로 나간다는 것이 결코 쉬운 일은 아니다. 걱정도 되고, 불안해지고, 심지어 공포감마저 엄습해 오기도 했다. 뿐만 아니라 매일 아침 눈을 뜰 때마다 밀려오는 심리적 우울함과 중압감은 이루 말할 수 없을 정도였다. 그 때 난 절실히 깨달았다. 회사를 그만둔다는 것은 정말 대단한 용기가 있어야 한다는 것을.

시간을 두고 차분히 생각을 정리하는 중에 문득 이런 후회가 밀물처럼 밀려오는 것이었다. '회사를 나갈 시점과 그때 무엇을 준비해야 하는지를 좀 더 젊은 시절부터 고민하고 준비했으면 좋았을 텐데….'

직장인들은 매월 일정한 날에 어김없이 월급통장에 급여가 들어온다. 사실 이 급여가 직장인에게는 마약이자 독약 같은 거다. 이 맛에 한번 중독되면 현재에 안주하게 되고 미래를 위한 준비를 하는 간절함이나 절실함은 떨어지게 마련이다. 하지만 직장을 다니다 보면 자신이 의도하지 않은 뜻밖의 사건, 사고로 회사를 떠나야 하는 위기에 직면할 수 있다. 꼭 그렇지 않더라도 직장에서 잘 나가든 못 나가든 언젠가는 회사를 떠나야 한다는 것은 불변의 진리이다.

이 점을 명심하고 **직장인들은 항상 언제 어떻게 직장을 떠날 것인가를 대비해야 한다. 그것도 떠날 시점은 언제이고, 그때 무엇이 준비되어 있어야 하는지를 아주 구체적으로 계획하고 준비해야 한다. 나는 이런 생각을 '경쟁력 있는 생각'이라고 부른다. 미래에 대한 계획을 세우고 준비해야겠다는 경쟁력 있는 생각은 빠르면 빠를수록 좋다. 준비에는 많은 시간과 노력이 필요하기 때문이다.**

제일 좋은 것은 직장생활을 시작하면서 경력 설계, 퇴직 계획을 수립하는 것이다. 그것도 절실히 말이다. 절실하지 않으면 직장 다니면서 미래를 준비하기란 정말 어렵기 때문이다. 혹자는 "직장생활을 시작하면서 하는 건 좀 심한 것 아니냐."라고 반문을 할 수도 있지만, 내 경험에 의하면 절대 그렇지 않다. 시간은 쏜살같이 흐르고, 회사를 떠나야 할 때는 반드시 온다. 시점의 문제일 뿐이다.

준비 없이 당하는 퇴사의 충격은 메가톤급 핵폭탄의 위력과 맞먹는다. 이왕 회사를 떠나야 한다면 자기 스스로 미리 계획하고 준비해서 그 시점을 자신이 선택해서 떠나야 하지 않겠는가? 예고 없이 회사로부터 '떠나라'는 소리를 듣게 된다면 정말 서글프고 비참한 일이 아닐 수 없다.

준비되지 않은 퇴사는 가족들에게도 불안과 큰 고통을 안겨다 준다는 것을 명심해야 한다. 그때 가서 자신을 버린 회사만을 원망하지 마라. 미리 준비하지 않은 자신에게도 분명 잘못은 있다.

직장생활은 인큐베이터 속에서 인생의 2막을 준비하는 기간이다. 또한, 약육강식의 생존법칙이 지배하는 정글 속으로 나가기 전 자생력을 기르는 기간이라고 생각하면 좋을 것 같다. 직장에 있는 동안 미래를 위한 준비를 하지 않는 직장인들은 사자의 야성을 잃게 되어 있다. 그러면 정글 속에 던져졌을 때 생존의 가능성은 매우 낮다고 봐야 한다. 직장인들이 사자의 야성을 잃지 않기 위해서는 매일매일 각자에게 맞게 미래를 위한 준비와 노력을 해야 한다. 그것도 치열하게 말이다. 미래를 설계하고 실천하면서 직장을 다니면, 직장생활도 더 재밌어지고, 하는 일들이 모두 나의 미래와 연관이 있다는 것을 알게 된다. 그래서 일도 더 열심히 하게 된다. 그렇게 준비하고 하지 않고의 차이는 분명히 있으며, 그 차이는 시간이 갈수록 더 커질 것이다.

자, 다시 한 번 강조하고 싶다. 직장생활은 전세 계약이다. 집주인이 집을 비워달라고 하면 언제라도 이사 갈 수 있도록 직장을 떠날 때를 항상 준비하라. 그리고 자신이 주도하는 삶을 살아가라. 그것이 즐거운 직장생활의 비결이자 행복한 직장인의 자세이다.

직장을 떠날 때에 대한 준비는 반드시 직장에 있을 때 해야 한다. 그것도 가능한 젊은 날부터 독하게 해야 한다.

04

직장에는 없는 것과 조심해야 할 것

직장에는 없는 것이 있다. 바로 비밀이다. 말이 자신의 입 밖을 나가는 순간 바로 자신의 보스에게 들어간다고 생각해야 한다. 나 또한 직장에서 무심코 한 말이 나중에 뒤통수를 치는 경험을 맛본 적이 있다. 그런 일을 당하고 나면 기분이 되게 나쁘다. 심지어는 짜증을 넘어 울화가 치밀어 오르기도 한다. 당장에 범인을 잡아서 요절을 내고 싶겠지만, 그렇게 한들 얻는 게 없기 때문에 그냥 참는 거다.

사람들은 남 애기하는 것을 너무 좋아한다. 아무리 믿는 친한 동료에게 한 말일지라도 그 말은 돌고 돌아서 나의 보스에게 들어가게 되어 있다. 그 친한 동료 또한 절친이 있기 마련이다. 그 절친한 동료를 만나서 이런 저런 애기하다 보면 자연스레 나에게 들은 이야기를 할 수도 있고, 회사는 좁기 때문에 나의 애기가 그렇게 몇 사람만 거치면 결국 자신의 보스에게 자연스럽게 들어갈 수밖에 없는 구조이다. 실제로 이런 사례를 많이 봤다. 직장생활을 해 본 사람이라면 공감이 갈 것이다. 회사에서는 비밀이 없다고 봐야 한다. 그래서 얘기를 할 때는 항상 자신의 보스의 귀에 들어갈 것이라고 생각하고 얘기를 해라.

또한, 직장에는 조심해야 할 것이 있다. 바로 '말'이다. 회사에서 말을 많이 하게 되면 득보다는 실이 많다. 일단 윗사람들은 말을 많이 하는 부하 직원을 좋아하지 않는다. 말 많은 사람을 가볍게 보는 경향도 있고, 그만큼 말실수를 하게 될 가능성이 높아지기 때문이다.

그리고 말을 많이 하는 사람들이 알아야 할 사실이 하나 있다. 말을 많이 한다고 해서 상대방이 그 많은 내용을 다 이해하는 것은 아니라는 것이다. 만약 이해할 거라고 생각한다면 큰 착각이다. 더욱이 상대방은 당신이 한 말을 다 이해하려고도 하지 않는다. 듣는 입장에서는 당신이 한 말의 앞뒤를 자르고 듣고 싶은 내용만을 자의적으로 해석하는 경우가 많다. 그리고 그것이 전부인양 남에게 얘기해서 오해를 불러일으킬 수 있다는 것을 명심하라. 실제로 회사생활하다 보면 그런 경우가 종종 일어난다.

따라서 회사에서는 가급적 말을 아끼는 게 상책이다. 또한 회사에서는 부정적인 말은 삼가야 한다. 아무리 진한 동료라고 힐지리도 회사나 다른 사람에 대한 부정적인 얘기는 하지 않는 것이 좋다. 특히 회사에 대한 나쁜 이야기는 안 하는 게 최선이다. 그런 말은 누구를 통해서든 다 회사로 들어가게 되어 있나. 일반적으로 부정적인 말을 많이 하는 사람을 좋아할 사람은 이 세상에 아무도 없다. 회사에서 자신의 이

미지만 나빠질 뿐이며 결국 손해를 보는 건 자신뿐이다.

특히 직장생활하면서 말조심을 해야 할 자리가 있다. 바로 저녁 술자리다. 사람들은 일단 술을 마시면 누구나 말이 많아지고 했던 말을 또 하게 된다. 했던 말을 또 듣고 또 들으면 듣는 입장에서도 정말 짜증나는 일이다. 이보다 더 큰 고역은 없다.

회사생활 하다 보면 이런 경험은 한두 번쯤 있을 것이다. 술자리에서 상사에게 이래저래 말을 많이 한 후에 다음 날 아침 눈뜨자마자 '내가 왜 그때 그런 말을 했지?' 하면서 후회 한 적 말이다. 문제는 후회를 하고도 또 그런 술자리가 있으면 같은 실수를 되풀이 한다는 것이다.

더 큰 문제는 술을 마시면 사람들은 용감해진다. 상사나 동료에게 하지 않아도 되는 말이나 해서는 안 될 말을 하게 된다. 이때부터는 문제가 심각해진다. 그러다 보면 쌓였던 감정이 올라와서 상사나 동료 간에 언쟁이나 다툼이 일어날 수 있으며, 심지어는 큰 싸움으로 번질 수도 있다. 상사나 동료 간에 주먹질하는 경우도 있다. 실제 술자리에서 둘이 싸우는 것을 말리다 애를 먹은 적도 있다. 이처럼 술자리에서는 별의별 광경을 다 보게 된다. 술만 마시면 우는 사람도 있고, 멀쩡히 있는 사람에게 시비를 걸거나 과격해지는 사람도 있다.

난 여태까지 술버릇 나쁜 사람치고 잘되는 인간 못 봤다. 회사에서 잘 나가다가도 술자리에서 실수를 해서 승진에서 누락되기도 하고 회사를 떠나는 경우도 봤다. 요즘은 사내 성희롱이 큰 이슈이다. 예전과 달리 기준이 엄격하기 때문에 자칫 잘못하다가는 바로 내쫓기는 수가 있다. 특히 술자리에서 이런 성희롱 사건이 자주 발생하는데, 내가 아는 분도 회사생활 잘하다가 술자리에서의 말실수로 인해 바로 옷을 벗었다. 남자의 경우 여자직원과 함께 하는 술자리에서는 각별히 말조심해야 한다. 예전과 회사 분위기가 많이 바뀌었다는 것을 명심해야 한다.

언어는 자신의 생각을 표현하는 수단이자 그 사람의 됨됨이를 반영하는 거울이다. 그 사람이 하는 말을 들어 보면 그 사람이 무슨 생각을 하고 있는지 다 알 수 있다. 사람은 자신이 생각하고 있는 것을 말로써 표현하기 때문이다. 또한 그 사람이 사용하는 언어를 들어 보면 그 사람의 성품이나 인격을 알 수 있다.

가끔 회사에는 조직이나 사람에 대해 항상 부정적으로 얘기하는 사람이 있다. 그런 사람은 다른 데 가서도 그렇게 나를 악담하고도 남을 사람이다. 말하는 것도 습관이기 때문이다. 불평불만이 많은 사람은 가급적 멀리해야 한다. 업무상 불가피하다면 일정 거리를 두고 업무적으로만 상대해야 한다. 그런 사람에게는 자신의 속내를 드러내서는 안 된다. 나중에 그 말이 언제 어떻게 부메랑이 되어 나의 등에 칼을 꽂을지 모를 일이다.

내 경험상 회사 내의 진실은 중요하지 않은 것 같다. 누군가 악의를 품고 이야기를 꾸며낸 것이 진실이 되는 상황이 종종 벌어진다. 그로 인해 하루아침에 회사에서 난처한 입장이 되기도 한다. 회사에는 자신을 좋게 보는 사람도 있지만 그렇지 않은 사람도 있다는 것을 명심해야 한다. 평소에 자신을 좋지 않게 보는 사람들은 진실을 알고 싶어 하지도 않는다. 다만 그들의 의도에 맞게 얘기를 자의적으로 가공하고 이용할 뿐이다. 따라서 조직에서는 항상 말조심해야 한다. 소 잃고 외양간을 고치지 않기 위해서는 말이다.

또한 회사에서는 항상 긍정적인 언어를 사용해야 한다. 처음에는 익숙하지 않더라도 계속해서 의도적으로 연습하다 보면 습관이 될 것이다. 긍정의 언어를 자꾸 쓰다 보면 부지불식간에 자신도 긍정적인 인간이 되어간다. 회사는 긍정적인 사람을 좋아한다. 가장 중요한 것은 이 모든 것이 누구도 아닌 자신을 위한 일이다. 내 경험으로는 정말 그렇다.

"발걸음을 잘못 내딛은 것은 곧 고칠 수 있다. 그러나 혀를 잘못 놀린 실수는 결코 돌이킬 수 없다."

― 벤저민 프랭클린 ― 공병호의 우문현답 중에서 재인용

05

뿌리가 깊지 않은
나무의 비애

조직 개편이 있었다. 인력을 축소하라는 경영층의 지시에 따라 부서원 중 일부를 타 사업부로 전배시켜야 하는 상황이었다. 그 명단에 내이름도 있었다. 발령 전 부서장과의 면담이 이루어졌다. 하지만 이미전배 인력 명단을 인사팀에 넘긴 상황이라 면담은 단지 부서원을 설득하기 위한 일종의 요식행위에 불과했다.

이번 인사에서 가장 큰 피해자 중 한 명이 바로 나였다. 새로운 부서로 옮긴 지 얼마 되지 않았는데, 또다시 다른 부서로 가야 하는 상황에처하게 되었기 때문이다. 이번 타 사업부 전배의 인사 발령 취지는 기존 부서에 오래 있었던 사람들의 업무 순환을 하기 위한 것이라고 했다. 그러나 현실은 그렇지 않았다. 나는 억울한 마음에 부서장에게 나의 입장을 설명하려고 했지만, 부서장은 내 말은 전혀 아랑곳하지 않고 공감이 가지 않는 자신만의 논리를 늘어놓을 뿐이었다. 부서장은 애초부터 부서원들의 의사를 들어줄 생각이 없었던 것으로 보였다.

이번 조직 개편에서 내가 희생양이 된 주된 이유는 결국 새 부서에 온 지 얼마 되지 않았고, 그로 인해 나를 인정해 주고 끌어주는 상사가 없었기 때문이다. 이처럼 부서를 이동하게 되면 자신을 알아주는 사람이 없고, 모든 것을 다시 밑바닥에서부터 새롭게 시작해야 한다는 것이 가장 큰 어려운 점이다. 이와 같이 **직장에서 뿌리가 깊지 못한 상황에 처하게 되면 매번 조직의 변화가 있을 때마다 항상 그 변화의 중심에서 휘둘릴 수밖에 없다.** 하지만 어찌하랴. 이 부서에 온 것 또한 내가 선택한 것이고, 뿌리가 깊지 못한 것 또한 나의 운명인 것을.

직장은 자의든 타의든 사람들의 이동이 빈번하게 일어나는 곳이다. 대기업일수록 이런 경우는 심하다. 부서를 옮기는 이유는 다양하겠지만, 문제는 나이가 들고 직급이 높은 상황에서 원하지 않는 부서로 옮기는 경우다. 특히 그동안 해보지 않은 새로운 일을 하는 경우라면 문제는 더욱 심각해지는 거다. 무늬만 간부였지 실제 업무 수준은 신입사원이기 때문이다. 일단 간부급이 되어서 새 부서로 자리를 옮기게 되면, 업무를 파악하는 데 그렇게 많은 시간을 주지 않는다. 대략 3개월 안에 모든 업무를 파악해야만 한다. 예전부터 이 일을 해 온 것처럼 간주하기 때문이다.

그리고 어느 부서를 가더라도 그 조직에는 미리 와서 자리를 확고히 잡고 있는 터줏대감들이 있다. 소위 조직의 넘버 원, 투, 쓰리라고 불리는 조직의 실세들이 자리를 턱하니 잡고 있는데, 그 상황에서 새로운 사람이 그 사이를 비집고 들어가기란 정말 쉽지 않다.

사실 직장이라는 게 비슷비슷한 능력을 가진 사람들이 모인 곳이고, 직장에서 하는 일 또한 특수 부서를 제하고 나면 아주 특별한 능력이 필요한 것도 아니다. 그러므로 새로운 사람이 단기간에 개인의 역량을 발휘해서 남들과 차이를 만들어 내기란 실로 어렵다고 봐야 한다.

하여튼 새 부서에 가면 이런저런 이유로 불이익을 당하거나 많은 서러움을 받을 수밖에 없다. 우선 고과에서 불이익을 당할 수 있다. 부서장은 당연히 새로 온 사람보다는 오랫동안 함께한 사람들을 먼저 챙기기 때문이다. 그 사람의 업무적 능력과는 상관없이 말이다.

앞에서 얘기한 바와 같이 직원들 간의 역량 차이는 미세하고 눈에 보이지 않는 부분이 많으므로 고과권을 가지고 있는 직장 상사가 한 번 결정하고 나면 특별한 경우를 제외하고는 부하 직원이 그것을 반박하기가 현실적으로 어렵다.

또한 새로 옮긴 부서에서 맡은 업무를 잘 모르면 간부로서의 역할을 제대로 수행할 수 없을 뿐만 아니라, 오히려 후배들 눈치를 봐야 한다. 이러다가 운이 없으면 새 부서에 와서 뿌리도 내리기 전에 인력 조정이나 조직 개편 등 변화의 바람이 불 때 다시 타 부서로 가는 차출 대상 0순위에 오를 수도 있다. 이처럼 한 부서에 오래 있지 못하고 원하지 않는 부서를 이곳저곳 자주 옮겨 다니다 보면, 자신도 모르는 사이 뿌리가 깊지 않은 나무 신세가 되어 회사 내에서 변화의 바람이 불 때마다 정처 없이 떠도는 처지로 내몰릴 수가 있다는 것이다.

나 역시 회사에 입사한 후에 본의 아니게 여러 번 부서를 옮겼다. 회사에 입사하고 IMF 외환위기로 인해 그룹 내 다른 회사로 잠시 갔다 온 적도 있고, 영업 실적 악화로 일하던 부서가 하루아침에 없어져서 옮겨보기도 했다. 문제는 간부가 되어 새 부서에 갔을 때이다. 앞서 말한 여러 이유들로 인해 젊은 나이에 옮겼을 때보다 적응하는 데 몇 배는 힘들었다. 업무도 생소하고 사람들도 친숙하지 않고, 특히 제일 힘든 것은 내가 어려울 때 나를 도와줄 내 편이 없다는 것이었다. 일을 하다 보면 실수를 할 수도 있다. 오랫동안 함께 한 선후배가 있으면 그냥 넘어갈 수 있는 일인데도 불구하고, 나를 알아주는 내 편이 없다 보니 마치 큰 문제인 양 취급을 받고 험담을 듣는 경우도 있었다. 또는 어떤 사안에 대해 누군가와 의견이 상충될 때도 자기편이 없으면 의견이 묵살되기도 하고, 어떤 부서는 굉장히 견제를 하고 보이지 않는 차별을 하는 경우도 있다. 때로는 그냥 현실을 인정하고 모든 것을 내려놓고 숨죽이면서 조용히 사는 게 오히려 속 편하겠다는 생각이 들 때도 있었다. 바로 이런 일들이 직장에서 뿌리가 깊지 않은 나무의 비애이다.

평범한 직장인으로서 한 회사에 입사하여 원하는 부서에서 한 분야의 전문가로서 인정받고 성장하는 것이 제일 좋은 일이다. 하지만 자신의 뜻대로 되지 않는 게 조직생활이다. 때로는 운명의 여신의 장난으로 여러 부서를 옮겨 다녀야 하는 상황을 맞이할 수도 있다.

이런 경우 어떻게 하는 것이 현명한 방법일까? 우선 부서를 옮기게 되면 차별과 불이익 등 뿌리 깊지 않은 나무의 서러움이 엄연히 존재한다는 것을 인식해야 한다. 그리고 마음을 독하게 먹고 가능한 한 빨리 업무를 파악해야 한다. 주어진 시간이 짧기 때문이다. 사람들과도 친해지려고 노력해야 한다. 그리고 어느 정도 눈치도 보면서 언행에 각별히 신경써야 한다. 일정 기간은 눈물겨운 시집살이하는 것을 감수해야만 한다. 서럽고 화가 치밀더라도 꾹 참고 견뎌야 한다. 특히 직장 상사에게는 무조건 잘해야 한다. 직장 상사에게 찍히면 그 부서에 있는 것은 물 건너갔다고 봐야 한다. 그러니 직장 상사는 어떠한 일이 있어도 잘 섬겨야 한다.

그리고 **가장 중요한 것은 자신의 업무 전문성을 기르는 것이다. 전문성은 자신의 경쟁력이며 조직에서 오래 버틸 수 있게 하는 힘이자 마지막 보루이다.** 업무의 전문성이 있으면 어디를 가든 소신 있게 일할 수 있다. 그래서 한 살이라도 젊었을 때부터 자신의 경력 관리에 대해 고민하고 계획하여 전문가로 성장하는 것이 중요하다. 자신의 장기적인 비전이 있는 것과 없는 것의 차이는 시간이 갈수록 그 간격이 커지기 때문이다. 경력 계획은 자신의 비전이자 직장생활이라는 긴 항해에서 나침반과 같은 역할을 한다. 직장생활을 하다 보면 원하지 않는 부서로 발령이 날 때도 있지만, 자신만의 장기적인 로드맵이 있으면 반드시 자신이 생각하는 그 자리로 다시 돌아오게 되어 있다. 그렇지 않고 자신의 구체적인 비전이 없으면, 결국 타인에 의해 이리저리 휘둘리다가 무대에서 조용히 사라지는 운명을 맞이할 수도 있다는 것을 명심하라.

> 자신이 좋아하는 일을 찾아서 남보다 잘 하는 것이 불확실한 미래를 준비하는 최고의 방법이다.

06

소통,
참 어렵다!

난 분명히 A라고 설명했다. 하지만 상대방은 B로 이해하고 있다. 정말 미치고 펄쩍 뛸 노릇이다. 하지만 직장생활 하다 보면 이런 일이 비일비재하다. 직장에서 가장 힘든 일 중의 하나가 바로 사람 간의 소통 문제다. 도무지 말이 안 통하는 인간들이 너무 많다. 완전 다른 혹성에서 온 외계인처럼 말이다. 이런 인간들 때문에 직장생활은 몇 배 힘들다. 마음 같아서는 그 인간들하고 한바탕 전투를 하고, 회사를 당장 때려치우고 싶은 마음이 굴뚝같지만 어찌하랴. 목구멍이 포도청이라고 그놈의 먹고사는 문제 때문에 참는 거다. 오죽했으면 매년 하는 워크숍에서 '원활한 소통을 위한 방안'이라는 주제가 단 한 번도 빠지지 않은 단골 주제였겠는가?

한번은 K 부장에게 프로젝트 추진 건을 보고한 적이 있다. 프로젝트를 추진하기에 앞서 몇 가지 검토할 사항이 있다는 것을 설명하려고 한 것뿐인데, K 부장은 버럭 화부터 냈다. K 부장은 프로젝트를 하지 말자는 뜻으로 받아들인 것이다. 순간 나 역시 욱하는 감정이 치밀어 올랐다. 하지만 끓어오르는 마음을 꾹 참고 그런 의도가 아니라고 몇 번을 설명하였다. 그러나 K 부장은 내 말은 전혀 듣지 않고 "무조건 추진해!"라고 퉁명스럽고 짜증 섞인 명령조로 짤막하게 지시만을 내리고 그대로 자리를 박차고 나가버렸다. 그 상황이 적잖이 당황스럽고 억울했지만, 계급이 깡패라고 직급이 낮은 나로서는 어찌할 수 없는 노릇이었다.

이번은 C 부장과 저녁 술자리에서의 일이다. C 부장은 성격이 급하고 말하기를 좋아하며, 부하 직원이 얘기를 많이 하는 것을 절대 눈 뜨고 못 보는 사람이었다. 한번은 저녁 식사 자리에서 직장생활의 애로사항에 대한 이야기를 나누고 있었다. '직장생활이 힘든 부분도 있지만 그 속에서 좋은 점을 찾아야 한다'는 것이 내 말의 요지였다. 다만 얘기를 좀 재미있게 하려고 초반에 직장에서 힘들었던 사례를 리얼하게 열거했다. 그런데 C 부장은 뒷내용은 듣지도 않고 초반부의 부정적인 사례 얘기만 가지고 나에게 뭐라고 큰소리를 치는 것이다. 내가 너무 부정직이라는 둥, 그렇게 생각하면 안 된다는 둥 엉뚱한 소리만을 늘어놓았다.

아! 난 그때 알았다. 사람들은 자신이 듣고 싶은 내용만 듣는다는 것을. 그리고 자기 멋대로 해석하고 말한다는 것을. 그날 집으로 돌아오는 길에 C 부장에게 말을 많이 한 것을 후회했다. 다시는 C 부장에게 주절주절 얘기하지 않겠다고 다짐, 또 다짐했다.

상사와 이야기를 할 때는 항상 신경을 쓰면서 해야 한다. 그래야 나중에 뒤탈이 없다. 나의 의도와는 완전 다르게 해석될 수 있기 때문이다.

대체로 직장 상사와 얘기할 때는 요지만 간단히 하는 게 좋다. 괜히 말을 많이 해봤자 오해를 불러일으킬 소지만 높아질 따름이다. 그리고 직장 상사는 말이 많은 부하 직원을 좋아하지 않는다. 윗사람과 함께 있을 때는 자신의 말을 최대한 줄이고, 윗사람의 말을 열심히 들어주는 게 최선이다. 가끔씩 상사의 말에 추임새를 좀 넣어주면서 말이다. 그러면 중간은 간다.

이번 사례는 후배 사원과의 대화에서 벌어진 해프닝이다. K 대리에게 무심코 던진 말이 화근이 되었다.

"K 대리, 밑에 있는 직원들 좀 살살 다뤄."

이 말을 들은 K 대리는 흥분해서 그 길로 곧장 후배들에게 한바탕 난리를 쳤다고 한다. 난 옆 부서에 있는 차장님한테 얘기를 듣고 단지 지나가는 말로 얘기를 했을 뿐인데, K 대리는 후배 사원들이 나에게 꼰질렀다고 생각한 것이다. 그 후에도 K 대리는 그 일로 후배 사원들을 계속해서 괴롭혔다고 한다. 그때 나는 내 의도와는 다르게 말이 왜곡될 수 있구나를 실감할 수 있었다.

직장생활을 하다 보면 자신의 의도와는 다르게 말이 해석되고 그 말로 오해를 사서 피해를 보는 경우가 빈번하게 일어난다. 그로 인해 속상하고, 억울하고, 분노가 치밀 때도 있다. 때로는 언쟁이 벌어지고 다툼도 하며, 심지어는 너무 스트레스를 받아서 건강을 잃을 수도 있다.

자꾸 겪다 보면 면역이 생길 것 같은데, 막상 그 상황에 맞닥뜨리게 되면 감정 조절이 쉽지가 않다.

처음에는 상대방을 탓하거나 욕할 수도 있다. 앞으로 보지 않을 사람들이라면 그냥 무시하고 잊어버리면 되는 일이다. 하지만 상대가 직장 상사라면 이야기는 달라진다. 상사와는 하루 이틀 볼 사이도 아니고 업무적으로 매일 부딪혀야 하는데, 의사소통에 문제가 있으면 결국 그 밑에 있는 부하 직원만 손해를 볼 뿐이다. 상사는 절대 부하 직원에게 맞추지 않는다. 상사는 아쉬울 게 없기 때문이다.

사실 직장의 소통 문제를 곰곰이 생각해 보면 소통이 안 되는 게 정상이라는 생각도 든다. 매일같이 한집에 사는 부부 사이도 말이 안 통하는 경우가 많은데, 하물며 남들이야 오죽하겠는가? 특히 직장은 나이, 직급, 경험도 다르고 생각하는 방식도 다른 다양한 사람들이 모인 곳이다. 처한 입장도 다르고 생각하는 것도 다르고 추구하는 바도 모두 제각각이다. 게다가 사람 간에 좋고 나쁜 감정이 섞이다 보니 말하는 사람과 듣는 사람 간의 이해에 차이가 생기는 것은 지극히 당연하다고 볼 수 있다.

실제로 소통의 문제는 말하는 사람의 표현력의 문제일 수도 있고, 듣는 사람의 이해력 문제일 수도 있다. 하지만 가장 중요한 문제는 사람들이 대체로 자신의 입장에서 자기 위주로 모든 일을 생각하려고 한다는 것이다. 이 때문에 소통의 문제가 생기는 거다. 이런 걸 보면 소통이 잘되길 바라는 게 오히려 이상한 일이다. 따라서 직장에서의 불통 문제는 지극히 정상적인 일이라고 생각하고 문제 해결을 위해 접근

할 필요가 있다.

그렇다면 소통의 문제를 해결하기 위해서 어떻게 하면 좋을까? 먼저 직장 내 사람들의 다양성을 인정해야 한다. 상대방은 나와 다를 수 있음을 인정해야 한다는 말이다. 그리고 소통에 문제가 있을 때는 상대방이 먼저 문제를 해결해 주기를 바라지 말고, 자신이 먼저 문제를 해결한다는 생각으로 해결책을 찾아야 한다. 설사 상대방이 문제가 있다손 치더라도 말이다. 만약, 상대방이 먼저 해주기를 바란다면 둘 사이의 소통 문제는 절대 해결되지 않는다. 모든 변화의 시작은 바로 나부터 시작해야 한다.

또 원활한 소통을 위해서는 잘 경청하고, 공감하고, 정확히 이해해야 한다. 그런 다음 자신의 생각을 정리하고 표현해야 한다. 또한 사람 간의 원활한 대화를 위해서는 정서적 교감도 매우 중요하다. 사람은 감정의 동물이다. 이성보다는 감정에 의해서 판단하고, 의사 결정을 내리는 경향이 있기 때문이다. 이성은 감정을 합리화하는 포장지에 불과할 뿐이다.

예를 들어, 자신이 좋아하는 사람이 말을 하면 쉽게 동의하고 수용하지만, 그 반대의 경우에는 십중팔구 부정적인 의견을 내기 쉽다. 자기가 싫어하는 사람 얘기는 콩으로 메주를 쑨다고 해도 곧이듣지 않으려고 하는 것이 사람의 마음이기 때문이다. 따라서 소통의 대상인 상대방과 긍정적인 정서를 만드는 것이 원활한 소통에 큰 도움이 된다.

그리고 **원활한 의사소통을 위해서 무엇보다 중요한 것은 상대방의 입장에서 생각해 보는 것이다. 다시 말하면 상대방이 나의 고객이라**

는 생각으로 고객을 어떻게 이해시킬 것인가에 초점을 맞추고 접근해야 한다. 상대가 잘못 이해한 것이 아니라 내가 설명을 잘 못 할 수도 있다는 생각을 가지고 고민해야만 문제가 해결될 수 있다. 상대가 잘못이 있다고 탓만 하면 문제의 해결은 요원하다고 봐야 한다.

직장 내 소통 문제를 요약하면 이렇다. **상대는 자신의 고객이다.** '고객이 A라고 하면 A다'라는 관점에서 문제를 풀어야 한다. 그렇게 문제를 해결하려고 노력하다 보면 지금보다는 분명히 좀 더 나은 소통이 이루어질 것이다.

사람 간의 소통 문제가 가장 풀기 어려운 문제이다. 상대방의 말을 경청하고, 공감하며, 역지사지의 태도와 신뢰를 바탕으로 진정성 있게 말하는 것이 소통 문제를 해결하는 최선의 방법이다.

07

이성이라는 포장지에
감춰진 비밀

"다시 해 와."

H 부장의 퉁명스럽고 짜증 섞인 짤막한 지시와 함께 보고서가 책상에 툭 던져졌다. 나는 자리로 돌아와서 보고서에 혹시나 문제가 있는지 다시 한 번 꼼꼼히 살펴보았다. 하지만 아무리 봐도 내용상에는 아무런 문제가 없어 보였다. 오타도 없었다. 분명 H 부장의 심기가 불편해서 그런 것 같았다. H 부장이 왜 저런 행동을 하는지 도무지 감이 잡히지 않았다. 당장에라도 보고서를 들고 부장에게 가고 싶은 마음이 굴뚝같았지만, 그랬다가는 한바탕 큰 소리가 날 것 같은 분위기여서 차마 그럴 수가 없었다. 일단 결재는 다음 날 받기로 하고, H 부장과 저녁 식사를 하면서 자세한 내용을 알아보기로 했다.

나는 H 부장과 저녁 술자리에서 이런저런 이야기를 나누는 과정에서 H 부장이 내게 감정이 상해 있었다는 것을 알게 되었다. 그 날 술자리는 늦은 시간까지 이어졌다. 그리고 H 부장의 일장연설이 끝난 다음에야 비로소 그의 마음이 풀어졌다.

다음 날 아침, 나는 보고서 날짜만 바꾸어 다시 결재를 받으러 갔다. H 부장은 내용을 잠시 살펴보더니, "이제야 제대로 됐네." 하며 흔쾌히 보고서에 사인해 주었다. 그때 난 '이성이라는 포장지에 감춰진 비밀'을 다시 한 번 확인할 수 있었다. 인간은 바로 감정의 동물이라는 것을.

상사에게 보고할 때는 우선 상사의 기분을 먼저 파악하는 게 중요하다. 상사의 기분이 나쁘면 가급적 보고를 피하는 게 상책이다. 부담스러운 보고는 특히 그렇다. 간단한 보고라도 상사가 언짢을 때는 쉽게 넘어갈 수 있는 것도 퇴짜를 맞기 십상이고, 여러 번 보고해야 하는 상황이 초래될 수도 있다.

회의시간에 하는 보고도 마찬가지다. 좋은 건은 빨리 보고하고, 힘든 보고 건은 다른 직원이 먼저 보고하고 난 다음 맨 나중에 하는 것이 좋다. 앞사람이 총알받이를 해 주면 나중에 보고하는 사람은 예봉을 피해 갈 가능성 높기 때문이다. 회의시간은 제한되어 있고, 상사의 집중력 또한 한계가 있기 때문에 앞사람이 시간을 많이 끌어주면 그만큼 나중에 보고하는 사람은 자연히 이부지리로 넘어갈 가능성이 높다고 봐야 한다.

개인 휴가, 교육 등 작지만 다소 상사의 눈치가 보이고 예민한 건은 그 건만을 가지고 보고하기보다는 다른 건과 함께 패키지로 묶어서 보고하는 게 훨씬 수월하다. 보고 순서는 상사가 관심 있고 중요한 건부터 보고하고, 그 다음 상사의 기분을 살짝 살피고 나서 마지막에 하고자 하는 내용을 보고하는 것이 좋다. 먼저 한 보고 건에서 시간을 많이 소요했고, 상사도 앞부분에서 신경을 많이 쏟았기 때문에 나중 건은 웬만하면 그냥 넘어갈 가능성이 높다.

나는 상사에게 보고할 때는 살얼음판이 깨지지 않도록 사뿐사뿐 걸어가는 기분으로 늘 조심하면서 했다. 사실 이러한 보고 요령이 사소한 것 같지만, 나의 경우는 효과를 톡톡히 봤다. 나는 직장생활 하면서 종종 이런 생각을 해 본다. '보고는 정말 타이밍의 예술이다.'라고.

직장에서 제일 무서운 죄가 괘씸죄이다. 한번 찍히면 끝장이다. 어지간해서는 회복이 불가하다고 봐야 한다. 오랜 시간 동안 상사와 함께하면서 정말 각고의 노력을 해야 회복될까 말까이다. 사람에 대한 마음이 한번 돌아서게 되면, 그 사람이 아무리 일을 잘한다고 해도 예뻐 보이지 않는 법이다. 그 사람이 하는 긴 모두 미워 보이게 마련이다. 이는 승진 때를 보면 잘 알 수 있다. 예뻐하는 부하 직원이 승진을 위한 고과 점수가 부족하면 어떻게 해서든 고과 점수를 맞춰주려고 한다. 하지만 상사 눈 밖에 난 사람은 상사의 도움을 받을 수가 없다. 예를 들어 고과는 되는데, 단지 어학 점수가 모자라서 승진이 안 되는 상황이라고 하자. 이럴 경우 상사를 찾아가서 도와달라고 하면 그 상사의 답변은 늘 이런 식이다.

"사실 나도 도와주고 싶은데, 규정이 그런 걸 어쩌겠어. 그러게 미리미리 어학 점수 관리 좀 잘해 놓지 그랬어?"라는 형식적인 답변만 돌아올 뿐이다.

일을 하다가 작은 실수를 할 경우에도 마찬가지다. 상사가 좋아하는 직원이 실수를 하면, "그 사람, 그럴 사람이 아니야. 분명 이유가 있을 거야. 사람이 일하다 보면 그럴 수도 있지 뭐."하고 마치 아무 일도 아닌 양 그냥 쉽게 넘어간다. 하지만 미운털이 박힌 직원이 같은 실수를 하기라도 하면 "그럴 줄 알았다. 기본자세가 안 되었어." 등 온갖 악담을 퍼붓는다. 심지어는 '잘됐다. 이번 기회에 따끔한 맛을 보여줘야겠다.'는 생각으로 징계를 줄 수도 있다. 직장일이라는 게 코에 걸면 코걸이, 귀에 걸면 귀걸이식의 일들이 많기 때문이다.

이와 같이 **이성은 감정을 싸고 있는 포장지에 불과하다. 인간이 합리적인 동물이라고 하지만 절대 그렇지 않다. 대부분의 의사결정은 감정을 밑바탕으로 하고 있다는 것을 명심해야 한다. 뭐든 예쁜 놈이 하면 예뻐 보이고, 미운 놈이 하면 미워 보이게 마련이다. 그래서 직장에서는 특히 사람들의 마음을 잘 살피면서 그에 맞게 처신하는 게 중요하다.**

그렇다면 사람의 마음을 잘 이해하고 공감을 잘하려면 어떻게 해야 할까? 자신의 마음을 자세히 들여다보면 된다. 그러면 남의 마음도 잘 볼 수 있다. 자신이 언제 기분이 좋고 나쁜지, 상사가 언제 존경스럽고 언제 싫은지, 어떤 동료가 좋은지, 후배사원들이 어떻게 하면 예뻐 보이고 미워 보이는지 등 상황별로 자신이 느낀 점과 마음의 상태를 잘 파악해 두었다가 상황에 맞게 대처하면 분명 주변 사람들에게 사랑받게 되어 있다. '남에게 대접을 받고자 하는 대로 남을 대접하라'는 황금률처럼 말이다. 인간의 기본적인 욕구와 마음은 비슷하다. 인간은 감정의 동물이라는 점을 항상 염두에 두고 그에 맞게 잘 처신하면 직장 생활 하는 데 여러모로 많은 도움이 된다. 이것이 즐거운 직장생활을 위한 삶의 지혜이다.

인간은 절대 이성적이지 않다. 상대방으로부터 뭔가를 얻고자 한다면, 먼저 상대방의 감정을 이해하고 보살펴라. 이 점을 명심하고 회사생활을 하면 많은 면에서 유익할 것이다.

08

직장에서 즐겁게 살아남는 방법

'스톡데일 패러독스(Stockdale paradox)'.

미국의 경영학자 짐 콜린스(Jim Collins)가 저술한 책《Good to Great》에 나오는 말로, 그는 스톡데일 패러독스를 다음과 같이 설명하고 있다.

"성공할 수 있고 성공할 거라는 절대적인 믿음을 잃지 않으면서, 동시에 그게 무엇이든 눈앞에 닥친 현실 속의 가장 냉혹한 사실들을 직시하는 것이다. 스톡데일 패러독스는 스스로의 삶을 이끄는 경우든, 다른 사람들을 이끄는 경우든, 위대함을 창조하는 모든 이들의 특징이다."

스톡데일은 베트남전쟁 때 하노이 힐턴 포로수용소에서 8년간 모진 고문을 견디네고 살아서 귀환한 미국 고위 장군이었다. 그에 따르면, 혹독한 포로수용소에서 살아남은 사람들은 현실을 정확히 인식하고 강한 의지로 대처한 현실적인 낙관주의자들이었다는 것이다. 막연히 수용소를 곧 나갈 수 있을 거라고만 믿었던 비현실적인 낙관주의자들은 모두 죽고 말았다고 한다.

비현실적인 낙관주의자들은 '크리스마스 때까지는 나갈 수 있을 거야.'라고 막연히 기대하였다. 크리스마스가 지나가면 '부활절까지는 나갈 수 있을 거야.' 그리고 부활절이 지나가면 다음에는 추수감사절…. 그러다가 결국 상심해서 삶의 의미를 잃고 죽고 말았다는 것이다. 반면 현실적인 낙관주의자들은 전쟁이 단기간에는 끝나지 않을 것이라는 현실을 냉철히 인식하였다. 그리고 삶과 죽음의 갈림길에 직면하는 극한 상황에서도 어떻게든 살겠다는 결연한 의지와 반드시 살아나갈 수 있다는 믿음을 갖고 적극적으로 대처해서 결국 죽음의 수용소로부터 나갈 수 있었다고 한다.

우리 직장생활도 어찌 보면 정도의 문제이지 창살 없는 감옥에 비유할 수 있다. 직장인들은 정해진 시간에 출근해서 밤늦게까지 직장에서 열심히 일을 한다. 고된 직장생활의 반복 속에서 육체적 에너지는 점점 고갈되고, 끊임없는 업무상의 문제, 상사와 동료 간의 갈등으로 심한 정신적 스트레스를 받고 있다. 이러한 **힘든 직장에서 오랫동안 버티면서 온전히 생활하기 위해서 절실히 필요한 것이 바로 현실적인 낙관주의자의 마인드이다.**

그렇다면 직장에서 현실적인 낙관주의자의 마인드는 무엇일까? 말그대로 먼저 자신이 처한 현실을 냉철히 객관적으로 인식하고, 자신의 입장과 자신의 장단점 등을 정확하게 파악하는 것이다. 그리고 상황에 맞게 긍정적인 마인드로 대처한다.

예를 들어 보자. 회사에는 입사한 동기생들이 있다. 과연 자신이 그들과 똑같은 출발 선상에서 회사생활을 시작한다고 생각하는가? '예'라고 대답한다면 현실 인식이 다소 떨어진다고 봐야 한다. 동기생들은 부모도 다르고 타고난 재능도 다르며 보고 자란 환경도 다르다. 외국어가 능통한 동기가 있는가 하면, 누구는 발표력이 뛰어나고, 누구는 해외 경험이 풍부하며, 어떤 동기는 글솜씨가 뛰어날 수도 있다. 이런 개인적 경험과 역량 차이가 엄연히 존재하는데 어찌 출발 선상이 같다고 할 수 있겠는가? 동기생들 간에 재능과 능력의 차이가 있다는 것을 인식하고, 내가 무엇을 잘하고 부족한지를 정확히 알고 강점은 살리고 부족한 점은 보완하면서 직장생활을 해 나가는 것이 바로 현실적인 낙관주의자의 마인드다.

이번에는 인사고과 사례를 가지고 얘기해 보겠다. 나의 실적은 분명 팀 내에서 제일 좋았고, 나름대로 팀에도 기여했다고 생각해서 최상위 고과를 기대했다. 그러나 막상 뚜껑을 열어보니 예상과는 다른 평범한 고과가 나왔다. 순간 밀려오는 실망감은 이루 말할 수 없었다. 치밀어 오르는 화를 참을 수 없어서 친한 동료나 지인들에게 상사에 대한 비난도 해봤고, 분을 삭일 수 없어서 상사를 직접 찾아가 이유를 물어보기도 했다. 당시 팀장 말에 따르면, 본인은 분명 최상위 고과를 줬는데 사업부장이 조정을 했다는 것이다. 그 상황에서 더 이상 얘기를 해봤자 소용없는 일이었다. 당시 분위기로는 그냥 수용하는 것만이 내가 할 수 있는 전부였다.

물론 그 상황에서 누구는 고과 이의신청도 할 수 있다. 하지만 지난 20년간 경험으로 비춰 봤을 때 이미 나온 고과를 뒤집기란 쉽지 않다. 설령, 이의신청해서 고과를 다시 잘 받는다고 하더라도 괘씸죄에 걸려 상사의 눈 밖에 나는 상황을 초래할 수도 있다. 나온 결과를 인정하지 못하고 감정적으로만 일을 처리해 봤자 결국은 자신만 손해일 뿐이다.

직장생활을 하다 보면 이와 비슷한 상황이 비일비재하게 일어난다. 이런 상황에서 현실적인 낙관주의자적 자세에 대해 말해보겠다. 우선 평가가 확정되기 전에 자신이 할 수 있는 일은 모두 해봐야 한다. 상사와 면담해서 자신의 업적을 강하게 어필하고, 좋은 고과를 달라고 부탁도 해야 한다. 그리고 나서 인사고과 결과가 확정되고 나면, 설사 결과가 좋지 않더라도 그대로 수용해야 한다. 비록 마음은 쓰리고 아프겠지만 말이다.

고과는 상사의 고유권한이며, 상사도 여러 면을 고려해서 고과를 준 것이라고 생각해야 한다. 상사도 인간인지라 완전히 객관적으로 할 수 없다는 것 또한 인정해야 한다. 자신이 좋은 고과를 받지 못했다면, 왜 그런 결과가 나왔는지 냉정히 생각해 볼 필요가 있다. 팀 내에 자신보다 더 좋은 성과를 낸 사람이 있을 수도 있고, 상사가 더 챙기는 사람이 있을 수도 있다. 아니면 자신이 상사에게 미움을 사서일 수도 있다. 항상 자신의 입장에서 볼 게 아니라 상대방의 입장 또는 제3자의 입장에서 생각해 보는 것이 중요하다.

상사가 감정적으로 좀 더 아끼는 사람에게 좋은 고과를 줬다고 하더라도 뭐라고 해서는 안 된다. 그것은 당연한 일이다. 자신이 고과권자가 되어 보면 상사의 마음을 잘 알 수 있다. 자신의 입장에서 보면 다소 불합리하고 불공정할 수도 있다. 하지만 그것이 내 힘으로 바꿀 수 없는 일이라면 그냥 인정하는 수밖에 없다. 그리고 그 상황을 냉정히 직시하고, 앞으로 좋은 고과를 받기 위해서 어떻게 할지 집중해야 한다.

업무뿐만 아니라 상사와 좀 더 긴밀한 유대관계를 맺도록 노력하고, 직장 상사가 지시하는 일이 다소 불합리하고 무리가 따르는 일이더라도 내가 할 수 있는 일이라면 할 수 있는 데까지는 최선을 다한다. 그렇게 상사와 관계를 잘 풀어가기 위해 고민하고 실행하다 보면 상사와의 관계도 좋아지고 분명히 자신에게도 도움이 될 것이다. 이것이 바로 현실적인 낙관주의자의 마인드다.

직장생활은 마라톤과 같은 고단한 긴 여정이다. 그 과정에는 자신을 시험대에 들게 하는 일들이 많을 것이다. 그럼에도 불구하고 냉정히 **현실을 직시하고, 단 0.1%의 긍정적인 면이 있으면 그것을 보려고 노력하라. 그렇게 현실적인 낙관주의자로 생활하는 것이 바로 직장에서 즐겁게 살아남는 방법이다.**

직장의 냉혹한 현실을 직시하라. 또한 문제나 시련을 반드시 극복하고 해결할 수 있다는 긍정적인 믿음을 가져라. 그리고 실행을 통해 그 믿음을 계속해서 강화시켜라. 이것이 직장에서의 생존과 성장의 핵심이다.

제**2**부

아는 만큼
행복한
직장생활이 보인다

．

．

직장생활은
자신을 알아가는 과정이자
꿈을 찾는 여정이다.

．

．

행복한 직장생활을 위해서 꼭 있어야 하는 것

2007년 4월, 천안에 있는 한 연수원에서 교육을 받고 있었다. 그때 교육하는 강사를 보면서, '강사가 정말 하고 싶다'는 생각과 함께 '내가 하면 좀 더 잘할 수 있을 것 같은데….'라는 생각이 자꾸 들었다. 또한 최고의 인재 개발 전문 강사가 되어 사람들이 자신의 역량을 개발하고 꿈을 찾고 이룰 수 있도록 동기부여하고 돕는 일을 하면, 내가 좋아하고 잘하는 일을 하면서 보람도 느낄 것 같았다. 순간 가슴이 뛰기 시작했다.

교육 중간의 휴식시간에 함께 교육 들어 온 입사 동기 한 명도 이런 말을 하는 것이었다.

"네가 강의하면 훨씬 잘할 수 있을 것 같은데…. 난 네가 유명 강사가 될 거라고 생각했어."

그 말을 듣는 순간 해머로 뒤통수를 '쾅' 하고 얻어맞은 듯한 충격을 받았다. 그간 내 자신이 좋아하는 것을 잊고 살았다는 것을 일깨워 주는 말이었기 때문이다.

난 어려서부터 장기자랑, 사회, 발표 등 내가 가진 끼를 남들 앞에서 보여주는 것을 좋아했고, 주위에서도 항상 잘한다고 칭찬을 해 주었다. 하지만 회사에 입사하고 나서는 그 일을 잊고 살았다. 그때까지 나의 직장생활은 직장 상사로부터 받는 스트레스로 하루하루가 힘겨운 나날의 연속이었고, 상사의 잦은 핀잔과 모진 고문으로부터 살아남기 위해 처절하게 몸부림치는 삶이었다고 해도 과언이 아니다. 입사하고 몇 년간은 그렇게 하루하루를 보내기도 버거운 상황이었기 때문에 나 자신을 돌아볼 마음의 여유조차 없었다. 그런데 친구의 한마디가 나를 돌아보게 한 것이다.

그날 밤 나는 내 자신에 대한 생각으로 잠을 이룰 수 없었다. 내가 진정으로 하고 싶은 것은 무엇인가? 회사에서 무엇을 했고, 어떤 일이 재미있었고, 무엇을 잘하고, 언제 인정받았고, 언제 짜증이 나고, 기쁘고, 행복한지 등의 생각이 꼬리에 꼬리를 물었다. 교육 기간 내내 이러한 생각은 계속해서 이어졌다. 그렇게 고민과 고민을 거듭하니 점점 생각이 정리되면서 드디어 진정으로 하고 싶은 가슴 뛰는 꿈과의 운명적인 만남이 이루어지게 되었다. 그것도 입사하고 10년 만에 말이다.

그것은 바로 '최고의 인재 개발 강사가 되겠다는 꿈!'

순간 감탄과 감동이 밀려오면서 갑자기 눈시울이 뜨거워졌다. 그때부터 나는 매일같이 어떻게 꿈을 이룰 수 있을까를 고민하기 시작했다.

먼저, 전문 강사가 되려면 다양한 경험을 해야 한다고 생각했다. 스스로 다양한 경험을 해보고 직접 느껴봐야 남들의 어려움을 이해하고 공감하며 소통할 수 있을 것이라고 생각했기 때문이다.

그래서 당장 하고 싶은 일부터 적어보았다. 지역 전문가, 주재원, 인재개발 업무, 하계 수련대회 운영, 사내 강사, MBA 졸업, 책 쓰기 등 직장에서 하고 싶은 일을 다 해 본 후에 프로 강사의 삶을 살겠다고 결심했다.

그 당시 하고 있던 해외 영업 경험을 좀 더 쌓고, 상사맨이라면 누구나 한번쯤 해 보고 싶은 지역 전문가 과정, 상사맨의 꽃이라는 주재원 생활은 꼭 해 본다. 그리고 나서 인재 개발 업무로 전환하여 교육 과정을 직접 개발 운영해 보고 사내 강사를 하겠다는 계획을 세웠다. 전문 강사가 되려면 우선 경험도 많아야 하지만, 경험을 교육 프로그램으로 만드는 방법도 알아야 하고 직접 강의도 해보면서 강사로서의 경험을 쌓아야 한다고 생각했기 때문이다. 사실 하계 수련대회 운영은 신입사원 시절 하계 수련대회 T/F를 하면서 재미를 느꼈고, 지도하는 선배들을 보면서 참 부러워했었다. 그래서 기회가 되면 지도 선배나 운영책임자를 꼭 한번 해보고 싶었다.

그리고 MBA 공부는 전문가가 되려면 내가 경험한 것을 계량 지식화할 수 있는 능력이 필요하고, 그러기 위해서는 좀 더 이론적인 공부를 하면 많은 도움이 되겠다는 생각이 들어서였다. 책 쓰기는 전문가라면 자기가 쓴 저서는 반드시 있어야 하고, 직장생활 20년 정도 했으면, 책 한 권 정도는 쓸 수 있어야 한다는 생각을 했기 때문이다. 사실 당시 버킷리스트를 작성할 때는 과연 이 모든 일을 할 수 있을까 하는 의문이 들었다. 하지만 '일단 적어보고 열심히 하다 보면 뭔가는 되겠지.' 라는 생각으로 시작한 것이다.

이렇게 꿈을 찾고 하고 싶은 일들을 정리하고 나니 희한한 일들이 벌어졌다. 그렇게 짜증나고 힘들던 직장생활이 달리 보이기 시작했다. 나의 꿈과 직장의 모든 일들이 다 연결되어 있는 것이었다. 예를 들어, 타인을 동기부여하려면 먼저 내 자신이 고된 직장생활을 직접 경험해 봐야 하고, 그렇게 생각을 하니까 직장에서의 모든 경험들이 돈을 주고도 살 수 없는 값진 경험의 자산이라는 생각이 들었다. 동시에 그 경험들이 너무나 소중하게 느껴지기 시작했다. 그때부터 하고 있는 일들이 점점 재밌어지고 더 열정적으로 일하게 되었다.

이처럼 꿈이 있으면 여러모로 좋은 점이 많다. 먼저 꿈은 인생의 나침판 역할을 한다. 나침판이 우리에게 잃어버린 길을 찾도록 방향을 알려주듯이, 꿈 또한 우리가 방황하고 있을 때 어디로 가야 할지를 알려준다. 꿈이 없다는 것은 돛단배를 타고 망망대해를 정처 없이 노만 젓고 있는 꼴이라고 할 수 있다. 그러다 큰 풍랑이라도 만나면 어찌하겠는가? 상상만 해도 아찔하다.

이번에는 비행기 얘기를 잠시 해 보겠다. 보통 비행기는 정해진 시간에 출발해서 예정된 시간에 목적지에 도착한다. 그런데 비행기는 강한 기류의 영향으로 정해진 항로를 99%나 벗어난다는 사실을 알고 있는가? 하지만 비행기는 목적지가 분명하므로 강한 기류로 인해 항로를 벗어난다 하더라도 곧바로 원래의 항로로 다시 돌아오려고 부단히 노력하기 때문에 예정된 시간에 목적지에 도착할 수 있는 것이다.

직장생활도 마찬가지다. 직장은 인력 조정, 부서 발령 등 많은 변화가 일어난다. 이런 변화 속에서 꿈이 있는 경우와 없는 경우는 큰 차이가 날 수밖에 없다. **꿈이 있는 사람은 자신이 갈 곳을 알고 있기 때문에 변화의 물결이 쳐도 어떻게 해서든 자신이 목표한 길로 가려고 안간힘을 쓸 것이고 결국에는 그곳으로 가게 되어 있다.**

예를 들어, 부서 발령 면담을 할 때도 꿈이 있는 사람은 자신이 원하는 부서를 분명히 말하고 그 부서로 갈 수 있도록 강하게 어필할 것이다. 이렇게 하면 그렇지 않은 경우보다 원하는 부서로 갈 가능성이 높다고 봐야 한다. 설사 처음에는 원하지 않는 부서에 발령이 날 수도 있다, 하지만 지성이면 감천이라고 계속해서 희망하는 부서에 가려고 부단히 시도를 하다 보면, 결국 자신이 희망하는 부서로 가게 되어 있다. 하지만 꿈이 없으면 회사가 발령을 내는 곳으로 그냥 가서 일하게 될 가능성이 높다.

이렇게 방향성 없이 이 부서 저 부서 옮겨 다니다 보면 전문성도 갖추지 못할 것이고, 그러다 예상치 못한 변화의 바람에 한번 휩쓸리게 되면 한 부서에 정착하지 못하고 여러 부서를 전전하다가 결국 회사를 떠나야 하는 처지에 내몰릴 수도 있다. 꿈이 있는 사람은 회사를 떠날 때도 어디로 가야 할지, 무엇을 할지를 알기 때문에 당황하지 않고 지혜롭게 대응할 수 있다.

뿐만 아니라 꿈은 역경이나 시련이 왔을 때도 용기와 희망을 준다. 회사 친구인 K의 이야기다. K가 대리 시절, 소속 부서가 실적 부진으

로 인해 갑자기 없어지는 바람에 타 부서로 가야 하는 상황에 처하게
되었다. 기존에 하던 일을 버리고 새로운 부서에 가서 새로운 일을 해
야 하는 상황에서 K는 의욕을 많이 상실하였다. 그는 저녁 술자리에서
내게 푸념을 늘어놓곤 했다.

"회사 다니는 재미가 없고 의욕이 없어. 지금 내 유일한 비전은 회사
에서 보내주는 MBA를 가는 것뿐이야. 하지만 부서가 없어지고 새로
운 부서로 가야 하는 이 마당에 지금으로선 길이 보이지 않는다."

그는 나를 만나는 자리 때마다 해외 MBA만이 유일한 희망이라고
했다. 그리고 그것만 기대하면서 하루하루를 버티고 있다고 했다. 결
국 그는 타 부서로 발령이 났다. 그런데 어느 날 그로부터 한 통의 전
화가 왔다. 아주 흥분한 목소리로 해외 MBA 최종면접에 통과했다고
했다. 그는 새 부서에서 열심히 하여 고과도 잘 받았고, 그러다 우연히
MBA에 신청할 수 있는 자격이 돼서 신청했는데 최종면접을 통과했
다고 했다. 자신도 설마하면서 신청했는데, 이런 좋은 결과가 있을 거
라고는 전혀 예상하지 못했던 것이다. 이렇게 해서 그는 자신이 간절
히 바라던 해외 MBA를 갈 수 있게 되었다. 그것도 세계 최고 대학의
MBA를 말이다.

K가 힘들었을 시절 해외 MBA는 그에게 꿈이었고, 그가 방황하고
깊은 슬럼프에 빠져 있을 때 꿈은 그에게 용기와 희망을 주었다. 그리
고 그 꿈은 그가 직장을 그만두지 않고 버티게 해 준 힘이 되었던 것이
다. 그 후로 K는 열심히 회사생활을 잘 하고 있다.

앞서 얘기한 바와 같이 나는 직장 10년 만에 꿈을 찾았다. 꿈을 찾

기 전에는 직장생활을 무작정 열심히만 했다. 지금의 회사가 전부인 양 말이다. 그리고 힘들면 그냥 짜증내고 분노했고, 남는 시간은 의미 없는 일들로 낭비하는 경우도 많았다. 하루하루의 노력이 나의 미래와 어떻게 연결될지 모르면서 살았던 것이다. 직장 상사와 갈등이 있으면 심한 스트레스로 하루하루가 힘겨웠고 잠 못 이루는 밤도 많았다. 정 말 지옥 같다는 생각이 들 때도 있었다. 하지만 그때 난 아무런 대안이 없었다. 무작정 견디는 것밖에는 뾰족한 수가 없었다.

그러나 꿈을 찾고 난 후부터 상황은 달라졌다. 직장 상사로부터 받는 스트레스에 의미를 부여하기 시작했다. 스트레스는 나의 정신적 근육을 키우는 과정으로 받아들이고, 버티고 이겨내면 나의 경쟁력이 될 수 있다고 믿었다. 또한, 이 모든 과정이 나의 꿈을 이루어 가는 과정이며, 나의 꿈을 이루기 위한 자양분이 될 것이라고 생각했다. 그러면서 나 자신을 위로하였다. 이처럼 **꿈은 내 자신이 힘들 때마다 나를 따뜻하게 위로해 주는 진정한 친구였으며, 격려와 용기를 주는 훌륭한 멘토이기도 했다. 또한, 꿈은 끝 모를 캄캄한 어두운 터널 속에서 길을 잃고 방황하다 좌절하고 포기하려고 하는 순간 나에게 길을 밝혀준 희망의 등불이었다.** 아무리 생각을 해 봐도 고된 직장생활에서 버티면서 즐겁게 생활하려면 꿈은 반드시 있어야 한다.

"꿈꾸지 않는 자, 행복을 바라지 마라." −손정의−

하고 싶은 일이 무엇인지
모르는 사람들을 위한 조언

"그대 안에서 잠자고 있는 거인을 깨워라."

꿈이 없거나 하고 싶은 일이 무엇인지 모르는 사람들에게 해주고 싶은 말이다. 자신의 숨어 있는 재능, 하고 싶은 일, 간절한 꿈 등 누구나 마음속에 잠자고 있는 거인이 하나쯤은 있다. 다만, 거인이 있다는 사실을 깨닫지 못할 뿐이다.

우리 인생은 자신을 알아가는 과정이며, 이 과정이 곧 잠자고 있는 거인을 깨우는 과정이다. 하지만 세상은 참 불공평하다. 누구는 어린 나이에 거인을 깨우지만, 어떤 이는 거인이 있다는 사실조차 모른 채 일생을 마치는 경우도 있다. 이 얼마나 억울한 일인가? 한 번 사는 인생, 알라딘과 요술 램프 이야기 속 주인공처럼 거인을 마음껏 부리면서 멋지게 살아봐야 하지 않겠는가?

잠자는 거인을 깨운다는 것은 자신이 하고 싶은 일, 즉 꿈을 찾는 일이다. 그 일을 위해 첫 번째로 할 일은 바로 자신을 분석하는 것이다. 모든 일의 출발점은 자신을 정확히 아는 것에서부터 시작하기 때문이다. 자신이 무엇을 좋아하는지, 무엇을 잘하고 못하는지, 언제 기쁘고 행복한지, 언제 짜증나는지 등을 자세히 살펴봐야 한다. 이에 대한 생각의 끈을 한시라도 놓아서는 안 된다. 시간이 날 때마다 계속해서 고민해야 한다. 또한 생각만 하지 말고 글로도 써 봐야 한다. 글로 정리하다 보면 어렴풋이 알고만 있던 것들이 새롭게 각인되고 더욱 더 명확해지기 때문이다. 이런 과정을 반복하다 보면 어느 날 갑자기 풀리지 않던 어려운 문제가 쉽게 풀리듯, 미동도 없던 잠자는 거인이 꿈틀거릴 수 있다. 그때가 바로 내가 진정 하고 싶은 일, 즉 꿈을 찾는 그 순간이다.

어떤 경우는 잠자는 거인이 생각보다 깊은 잠에 빠져 있을 수 있다. 이것은 거인을 깨우는 데 생각보다 시간이 꽤 오래 걸릴 수 있다는 말이다. 그래서 한 살이라도 젊은 나이부터 거인을 깨우는 고민을 시작해야 한다. 깊은 잠에서 거인을 깨우는 데도 시간이 걸리지만, 깨어난 거인을 마음대로 부리려면 일정 기간의 훈련이 필요하기 때문이다. 다시 말하면 자신의 꿈, 재능, 하고 싶은 일을 찾는다고 해도, 그 분야에서 전문가로 인정받으려면 일정 시간의 집중적인 투자가 선행되어야 한다는 말이다. 전문가로 인정받기 위한 1만 시간의 법칙이라는 말도 있지 않은가.

그리고 젊어서 시작하면 늦게 시작하는 것보다 그만큼 많은 시간을 투자할 수 있다는 장점도 있다. 사실 나이 들어서 시작하면 젊을 때 시작하는 것보다 몇 배의 노력을 해야 한다. 예를 들어 젊어서는 밤새워 공부할 수 있지만, 나이가 들면 오랜 시간 집중하기도 어렵고 그렇게 하다가는 병이 날 수도 있다. 그래서 하루라도 빨리 거인을 깨우는 일을 시작해야 한다는 것이다. 여기서 한 가지 알아야 할 게 있다. 자신을 분석하고 생각만 한다고 잠자고 있는 거인을 다 깨울 수 있는 게 아니라는 것이다. 자신의 경험이 충분히 축적되어 있지 않으면 잠자는 거인을 깨우기 쉽지 않다. 거인을 깨울만한 자신의 내공, 즉 자신감이 부족하기 때문이다.

자신감을 쌓는 제일 좋은 방법은 다양한 경험을 해 보는 것이다. 가능한 한 많이 자신을 경험에 노출시키고, 그렇게 경험이 쌓이다 보면 시야도 넓어지고 새로운 아이디어도 생기며, 그 과정에서 자연히 자신감 또한 생기게 된다. 자신감이 생기면 그만큼 거인을 잠에서 깨울 수 있다는 믿음이 생기고, 그렇게 계속 노력하다 보면 언젠가는 잠자고 있는 거인을 깨울 수 있다.

이 대목에서 조언을 하고 싶은 게 있다. 잠자는 거인을 깨우려면 가능한 한 지금 자신이 하고 있는 일에 최선을 다하라고. 지금 하고 있는 일과 자신의 꿈을 연결시키는 것이 최선이기 때문이다. 지금 하고 있는 일이 아닌 다른 곳에서 새롭게 뭔가를 찾으려면 몇 배의 노력과 시간 투자가 필요하다. 뿐만 아니라 성과를 내기도 어렵다. 이런 이유로 지금 하고 있는 일에서 자신의 꿈에 대한 실마리를 찾는 게 가장 좋다. 또한 그것이 잠자는 거인을 깨우기 위한 지름길로 가는 길이며, 찾고 보면 지금 하는 일과 다 연결되어 있다는 것을 알게 될 것이다.

만약 지금 하고 싶은 일이 있으면 일단 해봐야 한다. 모든 일이라는 게 해보지 않으면 그 속을 알 수가 없기 때문이다. 바다에 뛰어들기 전까지는 바닷속을 절대 알 수 없는 이치와 같은 거다. 자신이 아무리 하고 싶은 일이라도 막상 해 보면 생각과는 다른 부분이 있기 마련이다. 그렇기 때문에 일단 해보고, 그 일이 자신과 맞는 일인지를 직접 확인하고 판단해야 한다.

하고 싶은 일을 쉽게 해 볼 수 있는 방법이 바로 취미생활로 해 보는 것이다. 취미는 자신이 좋아하는 것을 하는 것이므로 취미생활은 자신의 꿈을 찾는 중요한 실마리가 될 수 있다. 취미로 시작해서 나중에 전업으로 발전할 수도 있다. 와인 동호회에 참가했다가 와인 전문가로 새 인생을 시작하는 사람도 있고, 커피가 좋아서 은퇴한 뒤 커피 전문점을 운영하는 이도 있다. 이처럼 하고 싶은 게 있으면 일단 시작하라. 그래야만 자신이 진정 하고 싶은 일과 꿈을 찾을 수 있다. 뭔가를 계속해서 시도할 때 잠자는 거인은 조금씩 꿈틀거리기 시작하는 것이다.

나는 대학을 졸업하면 멋있고 재밌어 보이는 일을 하고 싶었다. 그중에 하나가 상사맨이었다. 007가방을 들고 세계를 누비면서 비즈니스를 하는 상사맨의 모습이 참 멋있어 보였고 부러웠다. 그래서 삼성물산을 선택했다. 그런데 신입사원 교육 기간 중에 대학교 선배가 새로 시작하는 사업부의 광고 판촉팀에 국제 이벤트 자리가 있는데, 연예인도 많이 만날 수 있다면서 일할 생각 없냐고 나를 꼬드겼다. 그 말에 갑자기 귀가 솔깃해졌다. 남자의 마음은 갈대라고 선배의 말에 하루아침에 나의 꿈은 상사맨에서 광고 판촉맨이 되어 버렸다. 그래서 난 배수진을 치고, 수차례의 면담을 하여 원하는 그 자리에 갈 수 있게 되었다.

하지만 운명의 여신이 장난이라도 친 것일까? 1년 만에 IMF 외환위기가 터졌다. 많은 사람들이 구조조정 되는 와중에 난 그나마 실적이 괜찮은 삼성 내 금융회사로 전배를 가게 되었다. 그래서 1년 반 동안 그곳에서 교육하였다. 그 회사로 가기 전 가끔은 영업소에서 교육 업무를 하면 재밌겠다는 생각은 해 봤지만, 막상 그 일을 하고 보니 생각지 못한 어려움들도 많았다. 그래서 나는 기회를 보고 있다가 다시 물산으로 돌아왔다. 그리고 대학교 때 그렇게 부러워했던 상사맨이 되었다. 하지만 난 그것이 험하고 긴 직장생활 수난사의 시작이 될 줄 그때는 몰랐다. 그것도 지금껏 만나지 못한 악명 높은 상사들과 험난한 긴 여정이 기다리고 있을 줄은 꿈에도 생각지 못했다.

상사맨이 되어 보니 허구한 날 영업 실적 때문에 독한 상사들로부터 엄청난 시달림을 당했다. 사실 상사맨이 되기 전까지는 해외 영업이 이렇게 힘든 줄 몰랐다. 그냥 멋있어만 보였다. 그런데 막상 상사맨으로서 직접 해외 영업을 해 보니 생각과는 차이가 크다는 것을 절실히 깨달았다. 이처럼 하고 싶은 일들을 실제로 해 보면 그 일이 정말 자신에게 맞는 일인지 아닌지 알 수 있다. 그래서 경험이 중요한 거다.

그래도 나는 운이 좋은 편이었다. 회사에 입사해서 내가 하고 싶은 일들을 모두 해 봤기 때문이다. 하고 싶은 일들을 직접 경험해 보고, 그 일이 생각한 부분과 일치하는지 그렇지 않은지 직접 확인할 수 있었다. 비록 그 과정에서 힘든 부분도 많았지만, 그 고된 과정을 통해 내가 진정으로 하고 싶은 일, 가슴 뛰는 꿈을 찾을 수 있게 된 것이다. 그렇게 나는 회사생활 10년 만에 내 가슴속 깊은 곳에서 잠자고 있는 프로 강사라는 거인을 깨울 수 있었다.

꿈은 만남을 통해서도 찾을 수 있다. 나와 다른 여러 사람들과의 만남을 통해서 말이다. 세상은 넓고, 나와 다른 생각과 삶을 살아가고 있는 사람들이 정말 많다. 주위의 다양한 사람들이 살아가는 모습을 한번 보면, 자신이 우물 안 개구리였다는 것을 깨닫게 될 것이다. 자신과 다른 사람들과의 만남을 통해 자극을 받고, 자신을 돌아보며 자아 성찰의 시간을 가져 보자. 그 과정 속에서 자신이 누구인지를 알게 되고 꿈도 찾을 수 있을 것이다. 그러니 다양한 사람들의 삶에 관심을 갖고 관찰하라.

잠자는 거인을 깨우는 과정은 길고도 지난한 과정이다. 처음에는 참 막막하게 느껴질 수도 있다. 시간이 가도 도무지 거인이 깨어날 기미가 보이지 않을 수도 있다. 포기하고 싶은 마음이 들 때도 있다. '도대체 거인이 있기는 한 거야?'라고 의문이 들 때도 있다. 하지만 믿어야 한다. 자신의 안에 위대한 거인이 잠자고 있다는 것을. 언젠가는 거인이 깨어날 것이라는 것을.

이 점 또한 명심하라. 쉽게 깨어나는 거인은 거인이 아니라는 것을. 1년이 걸릴 수도, 10년이 걸릴 수도 있다. 하지만 수단과 방법을 가리지 말고, 잠자고 있는 거인을 깨워야 한다. 그것도 간절한 마음으로. **오직 간절함이 잠자는 거인을 깨울 수 있다.**

단 한 번뿐인 우리 인생, 요술램프의 주인이 되어 거인을 마음껏 부리면서 멋지게 한 번 행복한 삶을 살아 봐야 하지 않겠는가.

성공하는 인생, 행복한 삶의 핵심은 가능한 빨리 자신 안에서 잠자고 있는 거인을 깨우는 것이다.

03 단 한 번이라도
연애에 미쳐봐!

나는 대학교 시절 미팅 때마다 차였다. 혹시나 하는 마음으로 나가면 역시나 퇴짜를 맞는 거였다. 매번 퇴짜를 맞다 보니 어느새 나의 자신감은 점점 바닥을 드러냈고, 완전 자신감을 상실, 완다(완전 다운) 상태가 되어 버렸다. 오죽했으면 대학교 때 별명이 '콤플렉스의 화신'이었겠는가. 요즘 얘기로 하면 모태솔로(?)인 셈이었다.

당시 나는 연애에는 유독 자신이 없었다. 미팅 자리에 좋아하는 스타일의 그녀가 나오기라도 하면 기뻐서 어쩔 줄 몰랐다. 금세 마음이 달아오르고 너무 앞서가는 경우가 많았다. 평소에 그렇게 잘하던 말도 꼭 그녀 앞에만 서면 안 되는 거였다. 전날 그렇게 연습을 했는데도 말이다. 그러다 그녀가 조금이라도 재미없어 하는 표정을 짓기라도 하는 순간 난 한없이 작아졌다. 그러면 그 날 미팅은 완전 실패다. 정말 미치고 환장할 노릇이었다.

오래전에 TV 프로그램에서 가수 김태원이 한 말이 생각난다.

"불후의 명곡은 반드시 사랑으로부터 차여야 만들어집니다."

그러고 보니 우리에게 잘 알려진 대중가요 가사를 들어보면, 많은 가사가 실연당한 사람의 애절한 마음을 표현한 것들이다. 그렇다. 연애하다가 좋아하는 상대로부터 차이면 대중가요 가사나 시가 마치 자신의 이야기처럼 들린다.

군대를 제대하고 복학하기 전에 잠시 학원 강사를 한 적이 있다. 그때 같은 학원의 국어 선생님을 혼자 열심히 좋아하다가 퇴짜를 맞고 눈물을 흘리면서 읽었던 시가 있다. 이정하 님의 〈떠나는 너는 눈부시지만, 남는 나는 눈물겹다〉라는 시다. 어쩌면 그때의 내 마음을 그리도 잘 표현했을까 기막힐 정도이다. 신촌 독수리 다방 맞은편 커피숍에서 그녀에게 퇴짜를 맞고 눈물을 흘리며 뚜벅뚜벅 걸어가던 내 모습이 아직도 생각난다. 혼자 하는 사랑은 정말 아프다. 나는 대학에 들어가서 연애가 너무 하고 싶었다. 하지만 연애 한 번 제대로 못 하고 졸업을 했다. 대학 시절의 난 항상 사랑 노래 속의 버림받는 가난한 비련의 주인공이었다.

시간이 한참 지난 후에야 내가 퇴짜를 맞은 이유를 알게 되었다. 나는 시골에서 막 상경한 가난한 시골청년이었고, 누가 봐도 서툴고 촌스러운 학생이었다. 일명 '앞서가는 농어촌'이었다. 연애한 적도 없고 할 줄도 몰랐다. 그녀들과 함께 공감할 수 있는 이야깃거리조차 몰랐다. 그녀가 읽었던 책 이야기를 하면 그냥 듣는 척하면서 빨리 다른 화제로 돌리곤 했다. 나는 그녀들이 하는 책 이야기가 정말 재미없었다. 그렇다고 내가 유머 감각이 있는 것도 아니고, 경제적으로 부유한 것은 더욱 아니었다. 이런 나를 누가 좋아했겠는가?

나는 직장에 들어가서 정말 제대로 연애를 해 보기로 결심했다. 연애를 잘하는 입사 동기를 멘토 삼아 연애에 미쳐보겠다는 불타는 의지로 말이다. 우선 연애를 잘하려면 그녀들이 좋아하는 대화 주제들을 공부하는 게 급선무였다. 주말마다 혼자서 조조 영화를 보면서 영화 속 주인공 명대사도 열심히 외웠다. 백화점을 다니면서 화장품 등 유명 제품의 브랜드를 공부했고, 그녀가 좋아할 만한 풍경 좋고 분위기 있는 카페도 많이 찾아다녔다. 비 오는 날이면 어떤 느낌일지 알고 싶어서 혼자 커피숍에 가서 커피도 마셔 봤다. 그리고 그때의 느낌을 정리해 놨다가 그녀와 만날 때면 자연스럽게 썰을 푸는 거다. 전문용어(?)로 말하자면 스토리텔링이다.

어디 이것뿐인가. 혹시나 미팅 자리에 마음에 드는 그녀가 나오면 함께 갈 만한 분위기 좋은 카페를 사전답사하기도 했다. 패션 잡지나 드라마, 영화 주인공의 옷 코디를 보면서 패션의 감도 익혔다. 연애 멘토들에게 수시로 조언을 구하기도 하고, 연애일지도 열심히 썼다.

이렇게 이론과 실습을 병행하면서 1년 이상 몰입하니까, 어색하기만 하던 그 모든 것들이 서서히 내 몸에 녹아들기 시작했다. 자연스럽게 일상속의 습관이 되어 버린 것이다. 이때부터 미팅에 나가면 그녀와 자연스럽게 공감대를 형성하며 대화를 이끌었고, 예전에 볼 수 없었던 자신감 넘치는 나를 발견할 수 있었다. 점점 그녀들로부터 호응을 받기 시작했고, 그때부터 결혼 전까지 자칭 연애 전성기를 구가할 수 있었다. 지금은 나름 내공 있는 연애 멘토로서 후배들에게 연애 특강과 코칭을 하고 있을 정도다. 사람들은 지금의 나를 보면 젊었을 때 연애를 참 잘했을 것 같다고 한다. 그럴 때마다 난 속으로 이렇게 말한다. '그것은 다 눈물겨운 노력이 피어낸 꽃이라고.'

나는 연애를 통해서 배운 게 있다. 분야는 달라도 모든 성공 원리는 같다는 것이다. '좋아하고, 공부하고, 실행한다!'

그렇다. 좋아하면 누가 시키지 않아도 열심히 공부하게 되고 실행하게 된다. 나는 연애가 너무 하고 싶어서 열심히 공부하고 실행했다. 정확히 말하자면 난 연애에 미쳐있었다. 시행착오도 많았지만 포기하지 않고 계속해서 공부하고 실행하다 보니, 퇴짜만 맞던 시골청년이 연애를 나름 잘한다고 인정을 받는 나쁜 남자(?)가 될 수 있었다.

나는 기회가 있을 때마다 후배들에게 이런 얘기를 한다. 젊은 시절 가장 중요한 것이 연애이고, 연애에 한 번 미쳐봐야 한다고 말이다. 연애에 미쳐보면 성공의 원리가 보인다.

남자는 연애를 하면 변한다. 게으른 인간이 슈퍼맨이 된다. 거들떠보지도 않던 음악, 미술에 대한 공부도 하고, 영화, 뮤지컬, 쇼핑도 혼자서 열심히 하게 된다. 드라마 명대사도 밤을 새워 외운다. 모두가 시인이 된다. 이것이 연애의 힘이다. 연애를 해 본 사람만이 그 마음이 어떤 것인지 알 수 있다. 사랑하는 그녀를 위해서라면 뭐든지 할 수 있을 것 같다. 우리는 그 뜨거운 연애하는 마음으로 모든 혼을 담아서 일을 해야 한다. 그녀를 내 연인으로 만들겠다는 그 뜨거운 마음으로 일에 미쳐야 한다. 그렇지 않고는 뭔가를 이룰 수 없다. 우린 종종 듣는 다. 성공하기 위해서는 좋아하는 일을 하라고. 하지만 연애 한 번 제대로 해 보지 않은 사람이 어떻게 좋아한다는 그 느낌을 알 수 있겠는가? **인생에 단 한 번이라도 연애에 미쳐봐라! 그 뜨거운 열정으로 일을 하는 것, 그것이 직장에서 즐겁게 일하는 최고의 방법이다.**

"세상에서 가장 강력한 환각제는 사랑입니다. 있지도 않은 것들을 보거나 듣게 만드는 재주를 부리니까요."

－파울로 코엘료 《마법의 순간》 중에서－

삶의 지혜를 배우는
최고의 방법

법무팀으로부터 한 통의 편지를 전달받았다. 대만 K 공급선의 주거 래은행인 S 은행이 회사를 상대로 소송하겠다는 내용의 서신이었다. 소송하는 이유는 우리가 자기네 요청을 듣지 않고 대만 K 공급선에 물 대를 계속해서 지급했다는 것이다. 순간 몇 개월 전 받은 한 통의 메일 이 뇌리를 번쩍 스쳐갔다.

그 메일은 대만의 S 은행이 보낸 것이었는데, 대만 공급선과 채권양 도계약을 하였으니, S 은행의 사전 승인을 받고 공급선에 물대 송금을 하라는 내용이었다. 나는 당시 S 은행으로부터 처음 메일을 받았고, 그 전까지만 해도 S 은행이 누구인지도 몰랐다. 또한 그들 간에 맺은 계 약이 무엇인지 정확히 알지도 못했으며, 공급선과는 오랫동안 비즈니 스를 해 온 돈독한 관계인지라 나는 S 은행의 말보다 공급선의 말에 더 귀를 기울이지 않을 수 없는 상황이었다. 그래서 S 은행의 메일을 무시하고 기존에 하던 대로 공급선에게 물대 지급을 진행하였는데, S 은행이 그 문제로 소송하겠다고 서신을 보낸 것이다.

그때부터 부서는 비상이 걸렸다. 잘못하다가는 회사가 엄청난 금액을 물어줄 수도 있는 상황이었기 때문이다. 몇 날 며칠을 부서장과 함께 법무팀을 오고 가면서 대책회의를 논의했고, 대만 공급선과 미팅차 수차례 출장도 다녀왔다. 당시 나는 정말 당황스러웠고, '이러다가 잘못되면 회사를 떠날 수도 있겠구나.' 하는 생각마저 들었다. 다행히 여러 번의 대만 출장을 통한 공급선과 은행 간의 피 말리는 협상을 통해 문제는 잘 마무리될 수 있었다. 하지만 사소한 메일의 내용을 간과한 것이 대형 사고를 초래할 뻔한 사건이었다. 지금도 그때만 생각하면 아찔하고 소름이 쫙 돋을 정도이다. 그 사건으로 비즈니스를 할 때는 조그마한 메일 문구 하나라도 그냥 건성으로 지나쳐서는 안 된다는 값진 교훈을 얻었다.

Nobody likes to fail but failure is an essential part of life and of learning. If your uniformisn't dirty, you haven't been in the game.

(누구도 실패를 좋아히지 않는다. 히지만 실페는 우리 삶과 배움에 있어서 꼭 필요한 부분이다. 만약 여러분의 유니폼이 더럽혀지지 않았다면, 그것은 그 시합에 참여하지 않았다는 말이다.)

전 미중앙은행 총재였던 벤 버냉키가 프린스턴대학교 졸업식에서 한 말이다. 누구나 살면서 크고 작은 실수나 실패를 경험한다. 실패를 하지 않으면 좋겠지만, 실패는 우리 삶에 있어서 불가피한 것이며, 실패 없는 삶 또한 불가능하다. 실패가 없다는 것은 새로운 일을 전혀 시도하지 않았다는 것이며, 벤 버냉키의 말처럼 경기에 참가한 선수가 최선을 다하여 뛰지 않았다는 것을 의미하기도 한다.

성공한 사람이든 실패한 사람이든 모두가 실패한다. 여기서 중요한 것은 성공한 사람들은 실패를 배움의 기회로 생각하는 반면, 실패하는 사람들은 실패를 하나의 벌어진 나쁜 사건으로만 여긴다는 것이다. 그리고 불평불만을 늘어놓고 남 탓만을 한다. 바로 이 작은 관점의 차이, 생각의 차이가 성공하느냐 실패하느냐를 결정한다.

우리가 알고 있는 성공한 사람들은 모두 실패를 배움의 기회로 삼아 역경을 이겨내고, 더 큰 성공을 이루어 낸 사람들이다.

세계적인 베스트셀러 《해리포터》의 작가인 조앤 롤링(Joan K. Rowling) 또한 젊은 시절 처절한 실패의 경험이 있었기에 작가로서 성공할 수 있었다고 하버드 졸업식에서 말한 바 있다. 그녀는 20대 초반 생후 4개월 된 딸을 가진 이혼녀였다. 직장에서는 실직을 당하여 형편없는 단칸방에서 2년여 동안 정부생활보조금으로 연명하며 살아야 했다. 가난의 고통으로 우울증까지 앓았고 심지어 자살 충동도 많이 겪었다고 한다. 누가 봐도 그녀는 더 내려갈 수 없는 실패자의 모습이었다. 당시 그녀가 가장 두려웠던 것은 실패였다고 한다. 하지만 그 실패가 현실이 되자 실패에 대한 두려움이 없어졌고, 그로 인해 보여주기 위한 가식적인 행동들을 하지 않게 되었다고 한다. 그때부터 그녀는 자신이 진정으로

하고 싶은 글쓰기에만 전념하게 되었고, 마침내 세계적인 베스트셀러인 해리포터 시리즈를 탄생시킬 수 있었다. 만약 그녀에게 혹독한 실패가 없었다면, 지금의 해리포터는 이 세상 빛을 보지 못했을 수도 있다.

다음은 〈오프라 윈프리 쇼〉의 진행자이자 미국에서 가장 존경받는 여성 앵커 오프라 윈프리가 스탠퍼드대학교 졸업식에서 실패에 대해 한 말이다.

"실패할 때마다 자신에게 물어보세요. '나에게 무엇을 가르쳐주려고 왔을까?'라고 말입니다. 그리고 교훈을 얻자마자 여러분은 발전하게 됩니다."

그녀는 사생아로 태어나 아홉 살 때 사촌에게 성폭행을 당하고 마약에 빠지는 등 불우한 삶을 보냈다. 하지만 그녀는 자신 앞에 불어 닥친 많은 실패를 통하여 배우고 시련을 극복하여 마침내 세계적인 여성 갑부이자 미국에서 가장 존경받는 인물로 성장할 수 있었다.

삼성의 이건희 회장 또한 '실패는 보약이다'라고 했다. "실패는 많이 하면 할수록 좋다. 아무 일도 하지 않아 실패하지 않는 사람보다 무언가 해보려다 실패한 사람이 훨씬 유능하다. 이들이 기업과 나라에 자산이 된다."고 강조한 바 있다.

직장생활을 하다 보면 승진 누락, 수주 실패 등 크고 작은 실패를 경험하게 된다. 머리로는 실패는 배움의 기회라고 생각하지만, 막상 그 상황에 닥치면 그 순간은 누구에게나 너무나 고통스럽고 힘든 상황이다. 실패의 충격과 걱정, 짜증, 분노, 불안, 공포 등으로 불면의 밤을 보내기도 한다. 세상의 모든 게 끝난 것처럼 절망적으로 느껴질 때도 있다.

하지만 그 힘든 시기를 잘 극복하고 보면 분명 그 실패의 경험이 배움의 기회였다는 것을 우리는 알게 된다. 헬렌 켈러는 '인간의 정신은 편안한 생활 속에서 발전할 수 없다. 시련과 고통을 통해서 인간의 정신은 단련된다.'고 했다.

그렇다. **인간은 실패의 경험을 통해 삶의 지혜를 배우고 내적 성장을 하는 것이다. 실패를 많이 했다는 것은 그만큼 시도를 많이 했다는 것이다. 그 실패를 통하여 값진 배움을 얻었다는 것을 의미하기도 한다.**

'젊어서 고생은 사서도 한다'는 말이 있다. 실패는 한 살이라도 젊었을 때 많이 해봐야 한다. 물론 실패를 하지 않으면 더 좋다. 하지만 이것은 불가능한 일이기에, 젊고 힘 있을 때 가능한 한 많은 시도를 해야 한다. 그리고 그 과정에서 불가피하게 맞는 실패를 통해 배움을 얻고, 그것을 발판삼아 성공을 이루어야 한다.

만약 젊은 나이에 실패가 두려워서 이런저런 시도를 하지 않는다면, 나중에 나이 들어서 고생을 하거나 더 큰 위기를 맞을 수 있다는 것을 명심하라. 모든 일이 경험 없이 하다 보면 반드시 실패를 할 수밖에 없다. 문제는 나이 들어서 실패를 하면 젊었을 때보다 몇 배는 더 힘들고 고통스럽다는 사실이다. 또한 나이 들어서 뭔가를 하려고 하면 더 두렵고, 때로는 시도조차 하기가 어려워질 수도 있다.

"빨리 실패하라, 그러면 더 빨리 성공할 것이다."라는 IDEO의 창업자 데이빗 켈리(David Kelly)의 말처럼 한 살이라도 어린 나이 때부터 가능한 많은 시도를 해 봐야 한다. 그리고 그 과정에서 겪는 실패를 통해 배움을 얻어야 한다.

직장생활도 마찬가지다. 신입사원 때부터 다양한 시도를 통하여 많은 것을 경험해 봐야 한다. 회사에 막 입사한 신입사원 때는 뭘 하다가 실수를 해도 경험이 없어서 잘 모르겠거니 하고는 다들 이해하고 그냥 넘어간다. 하지만 직급이 올라가고 간부가 되었을 때 실무 경험이 없어서 업무를 잘 모르거나 실수하면 용서가 되지 않는다. 또한 후배들도 그런 선배를 무시하게 된다. 나이 들어서 곤혹을 치르지 않기 위해서는 한 살이라도 젊을 때부터 상사의 꾸중이나 질책을 두려워하지 말고 이것저것 많은 시도를 해 봐야 한다. 그리고 그 과정에서 겪는 다양한 실수나 실패의 경험을 통하여 내공을 쌓아가는 것이 중요하다.

직장생활은 문제의 연속이며, 그 과정 속에서 크고 작은 실패를 경험하는 것은 불가피한 일이다. 중요한 것은 실패를 성공을 위한 배움으로 받아들이고, 이를 딛고 다시 일어설 수 있어야 한다는 것이다. **실패 없는 인생은 없으며 실패 없이는 절대 성공할 수 없다. 실패는 성공으로 가기 위해 반드시 넘어야 할 산이자 통과해야 하는 관문이라고 생각하라. 실패를 많이 하면 할수록 성공 확률은 높아지며, 실패는 삶의 지혜를 배우는 최고의 방법이자 눈부신 성공의 씨앗이다. 명심하리. 성공하느냐 실패하느냐는 결국 내 자신의 마음먹기에 달려 있다는 것을.**

실패에서 배워라. 성공은 실패를 통해 얻은 값진 훈장이다.

05

마음을
파먹는 좀비

직장생활 하면서 아쉬운 것 중 하나가 젊은 시절의 많은 시간을 걱정하면서 허비한 것이다. 걱정을 한다고 상황이 나아지는 건 하나도 없는데 말이다.

나는 오랜 기간 동안 해외 영업을 했다. 해외 영업 생활은 생산 지연, 품질 하자, 대금 결제 지연 등 끊임없는 문제의 연속이었다. 때로는 아침에 출근해서 메일 열어보기가 무서울 정도였다. 온통 문제에 대한 메일이었기 때문이다. 좋은 일로 오는 메일은 거의 없었다.

어떤 문제가 발생하면 엎질러진 물이라 되돌릴 수 없다는 것을 잘 알지만, 그 문제에 대해 자꾸 생각을 하게 된다. 어떤 날은 온종일 그 생각만 한 적도 있다. 이미 일어난 일에만 자꾸 집착하고 걱정을 하다 보면 짜증도 나고, 때로는 감정 조절이 어려워서 하루가 힘들 때도 있다. 뭘 하든지 마음이 즐겁지 않고 하는 일에 집중하기도 어렵다. 집에 와도 항상 그 생각만 하게 되고 속은 바짝바짝 타들어가고, 그 고통은 이루 말할 수 없을 정도이다. 이렇게 걱정의 깊은 수렁에서 헤어 나오지 못하면 점점 마음이 황폐해질 수밖에 없다. 그러다 잘못하면 건강을 해칠 수도 있다.

물론 살면서 벌어진 일이나 다가올 불안한 미래에 대해 걱정하는 것이 우리 삶의 일부임을 부정하지는 못한다. 그래도 걱정과 같은 부정적인 생각들은 가급적 하지 말아야 한다. 아무리 생각해 봐도 걱정은 시간 낭비일 뿐이며 백해무익이다. 인생에 단 한 번뿐인 소중한 오늘을 걱정만 하면서 낭비하기에는 우리의 인생이 너무 아깝지 않은가.

직장에서 하는 걱정들을 살펴보면 대부분의 것들이 자신이 통제할 수 없는 일들에 대한 걱정이다. 시장 상황 변화에 대한 걱정, 자신의 말과 행동에 대해 상사나 남들이 어떻게 생각할까에 대한 걱정 등 자신이 통제할 수 없는 것들에 대한 걱정이 많다는 것이다. 자신이 통제할 수 없는 일이라는 것을 알고 있음에도 불구하고 사람들은 자꾸 걱정한다. 하지만 그것은 자신만 힘들게 할 뿐이다. 자신의 통제 밖에 있는 일은 신경을 끄는 게 상책이다. 그 시간에 문제 해결을 위하여 자신이 할 수 있는 일에만 집중해야 한다. 그러면 마음도 좀 더 편안해질 것이다. 중요한 것은 자꾸 자기 스스로 그런 훈련을 해야 한다는 것이다.

또한 우리는 아직 일어나지 않은 미래의 일에 대해 불안해하거나 걱정하는 경우가 많다. 그런데 걱정하는 일들 중 실제 일어나는 일들은 그리 많지 않다. 설사 일어난다 해도 걱정한 것보다 별것 아닌 경우가 대부분이다. 정 불안하고 걱정이 되면 미리미리 준비하면 된다. 그러니 일어나지도 않은 미래를 가지고 미리 걱정하지 마라. 그 시간에 문제 해결에 생각을 집중하고, 오늘 내가 할 수 있는 일에만 최선을 다해라.

직장생활 하면서 어떤 문제가 발생하면 그 문제로 인해 일어날 수 있는 최악의 시나리오를 생각해 보고, 그때 자신이 어떻게 할 것 인지를 차근차근 준비해 가면 된다. 그렇게 하면 걱정하면서 낭비 하는 시간을 줄일 수 있다.

그리고 직장에서 어려운 일이 있으면 걱정만 하지 말고, 주변의 상 사나 동료들, 아니면 자신이 알고 있는 전문가라고 생각하는 사람에게 조언과 도움을 구하라. 직장일이라는 게 혼자 할 수 있는 일이 있고 할 수 없는 일도 있다. 남들에게 도움을 받아야만 가능한 일도 있다는 것 이다. 주변 사람들에게 도움을 받으면 혼자 할 수 없는 어려운 일들도 쉽게 해결할 수 있는 경우도 있다.

직장에는 직급별 역할이라는 게 있다. 내가 할 수 있는 일이 있고, 상사가 할 수 있는 일이 있다는 것이다. 어떤 문제가 발생하면 일단 상 사에게 보고해야 한다. 혼자서 해결해 보겠다고 타이밍을 놓쳐서는 안 된다. 예를 들어, 담당자의 실수로 제품 생산 투입을 제때 하지 못해 고객이 요청한 납기를 맞추기가 어려운 상황이라고 가정해 보자. 그때 상사에게 보고하면 직장 상사는 실무 담당자인 자신보다는 직책 파워 가 있고 타 부서 책임자에 협조 요청을 하기가 수월하기 때문에 연락 을 해서 문제가 된 제품이 빨리 생산되도록 할 수도 있다. 그런데 자기 혼자서 해보겠다고 하다가 자칫 잘못하면 타이밍만 놓치게 되어 큰 문제로 확대될 수 있다는 것을 명심하라. 실제 현업에서 일하다 보면 이런 일들이 발생한다.

일반적으로 **우리가 하는 걱정이라는 걸 살펴보면, 걱정은 누가 시켜서 하는 것도 아니며, 결국 우리 자신 스스로가 만들어서 하는 것들이다. 이 말은 곧 우리 마음먹기에 따라 얼마든지 걱정하는 마음을 통제할 수 있다는 말이다.**

한번은 대리 시절에 제품을 판매하고 있던 인도 대리점을 교체해야 하는 건이 발생했다. 기존 대리점이 우리 제품을 취급하지 못하겠다고 선언한 것이다. 기존 대리점은 대리점권을 다른 대리점으로 넘기는 대신 그간 손해본 것에 대한 보상을 요구하였다. 문제는 대리점이 요구하는 보상 금액과 우리가 생각하는 금액 사이에 엄청난 간극이 있다는 것이었다. 이 문제를 해결하기 위해 인도 현지에서 협상이 일주일 내내 새벽까지 이어졌다. 처음에는 도무지 타협의 기미가 보이지 않았다. 나는 시간이 흐를수록 점점 초조해지고, 이러다 법정 소송까지 갈지 모른다는 걱정에 잠을 이룰 수가 없었다. 정말 애간장을 태우는 피 말리는 시간이었다.

그런데 참 희한한 일이 있다. 하루는 '협상이 잘못되면 어떻게 하나…' 걱정하면서 부정적인 생각을 하면 한없이 부정적으로 보였다. 그런 날은 하루 종일 기운이 빠지고, 가슴만 답답하고 깊은 한숨만 자꾸 나왔다. 그런데 일이 잘될 거라고 생각한 날은 희한하게도 기운이 나고 열정적으로 하루를 보낼 수 있었다. 똑같은 상황임에도 불구하고 마음먹기에 따라 천당과 지옥을 오고가는 것이다.

그때 난 절실히 깨달을 수 있었다. 모든 일이 자신의 마음 먹기에 달려있다는 것을. 그러니 **과거에 발생한 일이나 일어나지도 않은 미래에 대해 걱정하지 마라. 대신 자꾸 긍정적으로 생각하도록 해라. 이미 벌어진 일은 돌이킬 수 없으며, 다가올 일은 실제 발생하면 그때가서 대응하면 된다. 죽고 사는 문제가 아니면 다 해결할 수 있다.** 그리고 고민하고 생각한 것이 있으면 주저하거나 걱정만 하지 말고 일단 부딪혀 봐라. 처음에는 잘 안 될 수도 있다. 하지만 계속 시도하다 보면 문제가 풀리게 되어 있다. 나 역시 직장에서 많은 일들이 일어났고, 당시에는 모든 일들이 정말 큰 문제였으며 위기처럼 느껴졌다. 하지만 실제 부딪혀 보니 생각지도 않게 잘 풀리는 경우도 많았고 별일 없이 다 해결되었다. 그러니 너무 걱정하지 마라. 지나고 나면 그때를 즐기지 못하고 걱정한 것을 두고두고 후회하게 된다. 다시 한 번 강조한다. 걱정은 마음을 파먹는 좀비일 뿐이다.

과거에 집착하지 마라. 또 다른 후회를 만들 뿐이다. 또한, 자신을 고문하는 짓이다. 명심하라! 이 순간은 곧 과거가 된다는 것을. 후회의 악순환 고리를 끊기 위해서는 바로 이 순간부터 바로잡아야 한다.

06

운명을 바꾸는
혁명의 시간

난 홀로 있는 시간이 정말 싫었다. 결혼 전까지는 말이다. 그래서 가만히 혼자 있는 내 자신을 그냥 놔두지 않았다. 어떻게 해서든지 놀 건수를 만들려고 부단히 노력했다. 주말이면 가능한 친구들과 약속을 잡으려고 했고, 정 약속이 없는 날이면 혼자라도 영화를 보거나 쇼핑을 하는 등 소일거리를 끊임없이 만들었다. 특히 일요일 늦은 오후가 유독 싫었다. 그때가 하루 중 가장 힘든 시간이었다. 그 시간만 되면 감당할 수 없는 외로움의 쓰나미가 밀려오는 것이다. 그때는 너무 외로워서 방바닥을 데굴데굴 구른다. 지금 돌이켜 보면 제일 아쉬운 게 20대에 홀로 있는 시간을 좀 더 생산적으로 쓰지 못한 것이다. 우리 인생은 참 아이러니한 면이 많다. 지금 나에게 제일 필요하지만 부족한 게 바로 홀로 있는 시간이니 말이다.

홀로 있는 시간은 바삐 오던 길을 잠시 멈춰 서서 자기 자신과 대화하고 내면의 소리에 귀를 기울이며 자신을 알아가는 시간이다. 자신이 누구인지, 무엇을 위해 사는지, 어떻게 살아갈 것인지를 생각하면서 말이다.

사람들은 항상 바쁘다는 핑계로 시간이 없다고들 말한다. 하지만 가끔은 가던 길을 멈추고 자신을 돌아보는 자기성찰의 시간을 가져야 한다. 그래야만 제대로 갈 수 있는 것이다. 지금 가고 있는 길이 맞는 길인지, 그 길의 방향은 옳은지, 중간 중간에 점검할 필요가 있다. 그렇지 않으면 나중에 너무 돌아가야 할 수도 있고 그냥 돌아가기엔 너무 늦어서 엄두가 나지 않을 수도 있다.

나 자신을 알아가는 그 길은 누구도 대신 갈 수 없는 나 자신만이 가야만 하는 고독한 길이기도 하다. 파울로 코엘료는 고독을 "우리로 하여금 삶의 목적을 찾을 수 있도록 안내하는 선물"이라고 했다. 그렇다. 홀로 자신을 알아가는 그 시간은 분명 고독하고 외로운 시간이다. 그렇지만 자신의 내면을 들여다보고, 대화도 하고 사색하면서 우리가 삶의 목적을 찾을 수 있도록 안내하는 선물의 시간이라는 것을 명심하라.

또한, 홀로 있는 시간은 미래를 상상하고 자신을 동기부여 하는 시간이기도 하다. 고단한 삶 속에서 나를 격려하고 내가 어디로 가고 있는지를 살펴보고, 어디로 가야 할지를 생각해 보는 시간이다. 꿈꾸지 않는 미래는 오지 않는다. 생생히 상상하는 것만 현실로 이루어질 수 있다. 미래의 꿈을 실현하기 위해서는 혼자 있는 시간을 통해 자꾸 미래를 상상해 봐야 한다. 그것도 아주 구체적으로 말이다. 눈부신 미래를 한 번 상상해 봐라. 가슴이 뛰는가? 마음이 울리지 않는 미래는 자신이 진정 꿈꾸는 세상이 아니다. 마음이 울릴 때까지 계속해서 상상해야 한다. 그리고 가슴 뛰는 미래를 상상하면서 힘을 내 보는 것이다. 힘겨운 오늘을 견디며 조금씩 미래의 꿈을 향해 정진하는 것이다.

나는 잦은 해외출장으로 공항에서 대기하거나 비행기로 이동하는 시간이 많았다. 그 시간은 오로지 나 자신과 만나는 혼자만의 시간이었다. 그럴 때마다 나는 공항이나 비행기 안에서 노트를 꺼내어 업무를 정리하고 고민거리를 써 보곤 했다. 그렇게 쓰다 보면 참 신기하게도 생각이 정리된다. 지난 노트들을 펼쳐 보면 온통 문젯거리에 대한 고민뿐이다. 고객의 대금 결제 지연, '실적을 맞춰라'는 상사의 재촉, 오더 확보를 위한 경쟁사와의 전쟁, 직장 상사와의 갈등 등 당시 녹록지 않은 직장생활의 단면들을 잘 보여주고 있다. 하지만 모든 메모의 마지막 부분은 항상 나의 미래와 꿈에 대한 얘기와 나 자신을 위로하고 격려하는 내용으로 끝난다. 그렇게 나는 혼자 있는 시간이 날 때마다 미래에 대한 꿈을 상상하면서 힘든 직장생활 속에서 지친 나 자신을 위로하고 동기부여를 하였다.

홀로 있는 시간은 또한 정신적 내공을 키우는 시간이다. 난 시간이 날 때마다 걷는다. 생각을 하면서 말이다. 머리가 복잡하고 고민이 있거나 풀리지 않는 문제가 있으면 항상 걸으면서 생각한다. 어떠한 주제에 몰입하면서 한두 시간 걷다 보면, 가라앉았던 마음이 업이 되고 좋은 생각이 떠오르기도 한다. 그렇게 풀리지 않던 문제에 대한 아이디어가 떠오르면 순간 나도 모르게 감탄과 감동이 절로 나온다. 참 희한하게도 걸으면서 생각하면 앉아서 생각하는 것보다 좋은 아이디어가 훨씬 잘 떠오른다는 것을 깨닫게 된다. 아마도 혈액순환이 잘돼서 그런 것 같다.

《1g의 용기》라는 책에서 저자 한비야도 걸으면서 생각하는 것을 강추하고 있다. 그녀도 나와 같은 생각을 하고 있다는 것을 알았을 때 동지를 만난 것처럼 기뻤다. 그녀는 생각하는 것도 습관이며, 자꾸 생각을 해야 생각의 근육이 생긴다고 했다. 나 역시 같은 생각이다. 생각도 근육과 같은 것이다. 매일매일 생각을 해야 정신적 근육이 커진다. 어떤 문제에 대해 계속 생각하는 힘은 절대 그냥 생기는 것이 아니다. 생각도 자꾸 연습을 해야 잘할 수 있다. 생각하는 것도 습관이 되어 있지 않으면 오랫동안 집중하기가 어렵다. 생각하는 힘도 큰 경쟁력이다. 이처럼 홀로 있는 시간은 자신의 정신적 내공을 키우는 시간이다.

자정을 넘긴 늦은 시간, TV를 켜 보니 마침 '7080'이라는 음악프로를 하고 있었다. 언제부턴가 7080 시대의 노래가 참 좋다는 생각이 들기 시작했다. 노래를 듣고 있으면 옛 추억도 떠오르고 감동도 있고, 가끔은 눈시울이 뜨거워지기도 한다. 방송 시간대도 참 절묘한 것 같다. 감정이 한창 절정을 달리고 있는 저녁시간, 그것도 한참 늦은 시간이다. 그것도 연애편지를 쓰면 너무 유치해서 도저히 다음날 보낼 용기가 나지 않을 정도의 편지를 쓸 수 있는 감성의 황금시간대에 하는 것이다. 난 이 시간에 홀로 옛 추억의 노래를 들으면서 잠시나마 일상의 행복감을 느낀다. 그렇다. 홀로 있는 시간은 바쁘고 지친 일상 속에서 자신을 다독이고 행복감을 느끼는 힐링의 시간이다. 엘리자베스 퀴블러 로스

(Elizabeth Kubler Ross)가 지은 《인생 수업》을 보면 이런 말이 나온다.

"사랑하는 사람들과 좋은 시간을 보내는 것도 중요하지만, 당신 혼자 있을 때도 근사하게 시간을 쓸 줄 알아야 합니다. 그것은 다른 이들이 떠나고 없을 때나 우연히 혼자 있을 때 갖게 된 시간이어서는 안 됩니다. 오직 자신과 자신의 행복을 위해 아껴둔 시간이어야 합니다."

그녀의 말처럼 **혼자 있는 시간은 정말 자신만의 행복을 위한 힐링의 시간이어야 한다.** 인도 주재 시절 딸아이가 방학하면 아내와 딸은 한국으로 간다. 이때부터 한 달여 정도는 혼자만의 시간이 주어진다. 일명 일시적인 돌싱(?)이 되는 것이다. 그야말로 이 시간은 업무로 지친 나 자신에게 에너지를 보충해 주는 혼자만의 힐링 시간이다. 그때는 휴일에 마음껏 잠도 자고 독서도 하고 운동도 한다. 수영장에서 온종일 쉬면서 주말의 망중한을 마음껏 즐기기도 한다. 오직 나만을 위한 힐링의 시간이 되도록 말이다.

그런데 사실 내가 홀로 있는 시간이 즐거운 것은 생각해 보면 다 아내와 딸이 있기 때문이다. 만약 내가 결혼을 하지 않았다면, 평생토록 모태솔로 신세였다면, 혼자만의 시간이 결코 즐겁지만은 않았을 것이다. 가끔씩 맛보는 혼자만의 시간이기 때문에 소중하고 즐거운 것이다. 주체할 수 없이 넘쳐나는 혼자만의 시간은 심심함, 외로움을 넘어 고통 그 자체일 뿐이다. 내 경험상으로는 그렇다. 혼자서 방바닥만 팍팍 긁고 있는 내 모습을 생각하면 아찔하다. 난 절대 혼자 못 살 것 같다.

다시 돌아와서 이야기를 마무리하자면, **홀로 있는 시간은 꿈을 위**

해 준비하는 생산적인 시간이다. 만약 혼자 있을 때 심심하다는 말이 자신의 입에서 나온다면 꿈이 없다는 말이다. 꿈이 있으면 심심할 틈이 없다. 할 일이 너무 많기 때문이다. 나 역시 프로 강사라는 꿈이 생기니까 할 일이 정말 많아졌다. 회사일 하면서 틈틈이 책도 읽어야 하고, 글도 써야 하고, 강의도 열심히 들어야 하니, 일상생활에서 항상 시간이 부족하다는 것을 느끼게 된다.

또한 **혼자 있는 시간은 꿈을 이루기 위해 전력투구해야 할 시간이다.** 꿈을 이루기 위해서는 오랜 시간 동안 꾸준한 노력과 준비가 필요하다. 그 준비는 누구도 대신해 줄 수 없다. 오직 자신 혼자서만 해야 하는 외롭고 긴 여정이다. 꿈을 향한 혼자만의 준비하는 시간이 없으면 꿈은 절대 이루어질 수 없다. **혼자 있는 시간은 꿈을 준비하는 나의 운명을 바꾸는 혁명의 시간이다.**

홀로 있는 시간을 생산적으로 만들지 못하면 꿈꾸는 미래는 없다고 봐야 한다. 혼자 있는 시간은 잠시 멈춰 서서 자신을 뒤돌아보고, 사색하며, 꿈을 위해 준비하는 시간이자, 자신의 운명을 바꾸는 혁명의 시간이기 때문이다.

누구도 가르칠 수 없는
경쟁력

"김 대리, 지금 당신 뭐하는 사람이야! 매월 실적이 없어서 손가락만 빨고 있는데, 그냥 책상에 앉아서 인천에 배 들어오기만을 기다리고 있으면 어떻게 해! 대책이 뭐야? 대책이 없으면 당장 나가서 앵벌이라도 해야 할 것 아냐!"

난 회의시간마다 C 부장으로부터 호된 질책을 받았다. 내가 몸담은 영업조의 실적이 많이 부진했기 때문이다. 당시 우리 조는 차장 1명에 나를 포함하여 대리가 3명이었는데, 다른 조 대비 실적이 많이 잡혀 있는 상황에서 3월까지의 실적이 거의 전무한 상황이었다. 이렇게 실적이 없는 상황이 조금이라도 더 이어진다면 당장에라도 인원을 축소해야 하는 분위기였다. 아니나 다를까, 얼마 안 있어 C 부장은 더욱더 강도를 높여 조원들을 쪼기 시작했다. 특히 해외 영업 경험이 제일 짧은 내가 그의 주된 표적이 되었다. 그는 나를 마치 인민재판이라도 하듯 허구한 날 실적 부진에 대하여 공개 망신을 주었고, 그의 말 한 마디 한 마디가 비수가 되어 내 마음에 꽂혔다. 나는 완전 주눅이 들어 부장한테 말 붙이기가 무서울 정도였다. 하루하루가 지옥 같았고, 때로는 C 부장이 꿈속에서까지 나타나 나를 괴롭히곤 했다.

그러던 어느 날, 기존 업무를 내려놓고 신규 개발을 하라는 청천벽력 같은 말을 듣게 되었다. 지금껏 신규 개발해서 성공했다는 얘기를 들어본 적이 없는데, 경험 많은 베테랑 간부가 해도 어렵다는 신규 개발을 경험이 짧은 신임 대리 나부랭이한테 하라는 것은 회사를 나가라는 말과도 같은 의미였다. 당황스러워 어찌할 바를 몰랐다. 하늘이 무너지고 벼랑 끝에 내몰린 절박한 심정이었다. 하지만 회사를 그만두기에는 아무런 준비가 되어 있지 않았고, 회사를 떠나서 뭘 할지도 몰랐기에 일단 버텨보자는 마음으로 회사에 다녔다.

보름쯤 지났을까 함께 일하던 조원인 S 대리가 사직서를 냈다. 지금의 조직 분위기를 이기지 못하고 다시 전 회사로 돌아가기 위해서였다. 그리고 얼마 안 있어 나머지 한 명 L 대리마저도 회사를 그만두었다. 하루아침에 두 명의 대리가 하던 일을 나 혼자서 떠맡게 된 것이다. 그런데 참 이상하게도 그때부터 C 부장의 태도가 돌변하기 시작했다. 그렇게도 나를 괴롭히고 못 잡아먹어서 안달이 난 사람 같았던 그의 태도가 180도 달라졌기 때문이다. 회의 시간에 혼내지도 않았고 나를 대하는 태도도 굉장히 부드러워졌다. 정말 저 사람이 얼마 전 꿈속에까지 나타나 나를 괴롭히던 그 부장이 맞나 싶을 정도였다.

쥐구멍에 볕들 날 있다고 참고 견디니까 드디어 나에게도 봄이 찾아 온 것이다. 길고 긴 어둠의 터널을 통과하고 한없이 떨어지는 주가가 바닥을 치고 올라가는 바로 그 순간 말이다. 그때 나는 비로소 알았다. 인내도 큰 경쟁력이라는 것을.

아무리 능력이 뛰어나도 인내심이 없으면 때를 만나지 못한다. 직장은 사람들로 구성된 살아 있는 유기체와 같다. 그 속에서 변화는 매일 매일 일어나고 있다. 멀쩡히 잘 있던 사람이 회사를 떠나고, 다른 부서로 발령이 나기도 한다. 이처럼 기회는 전혀 보이지 않다가도 일 상 속에서 끊임없이 일어나는 그런 변화 속에서 생긴다. 결국 언제 올 지 모를 기회를 잡으려면, 일단 그 기회가 올 때까지 반드시 살아남아 서 그 자리에 있어야 한다. 그래야만 오는 기회를 잡을 수 있다.

내가 아는 J 임원이 있다. 그는 부장 시절 그 누구도 임원이 될 거라 고는 예상을 못했었다. 그가 임원이 된 그 해, 임원 0순위이었던 잘 나 가던 K 부장이 개인 사정으로 갑자기 회사를 그만두게 되었고, 해당 사업부에는 오직 J 부장만이 임원 대상 후보군에 있었다. 그래서 그는 임원이 되는 천운을 잡을 수 있게 된 것이다. J 부장이 그 누구도 예상 치 못한 임원이 될 수 있었던 것은 물론 그의 역량도 있었겠지만, 임원 0순위이던 K 부장이 퇴사를 하였고, 바로 그 시섬에 그가 조직에서 견 디고 살아남아서 그 사업부의 임원 후보 자리에 있었기 때문이다. 이 렇듯 기회를 잡으려면 인내하면서 때를 기다려야 한다.

역사적인 예를 보더라도 이를 질 증명해 주고 있다. 인내 히면 **빼놓** 을 수 없는 인물이 있다. 바로 일본의 전국시대를 통일한 '인내의 화신'

도쿠가와 이에야스다. 그는 당시 천하를 호령하던 오다 노부나가, 도요토미 히데요시와 함께 동시대를 살면서 그의 시대가 오기만을 기다리며 인내하고 또 인내했다. 한번은 패권을 차지한 노부나가로부터 충성심에 대한 의심을 받자, 이에야스는 가문을 존속시키고 먼 훗날을 기약하기 위하여 결국 사랑하는 아내를 처형하고 장남까지 할복을 시켰다. 그토록 모진 인고의 세월을 참고 견딘 끝에 그는 비로소 일본의 전국시대를 통일하는 최후의 승자가 될 수 있었던 것이다.

도쿠가와 이에야스의 인내력을 잘 말해주는 유명한 이야기가 있다. 당시 일본 전국시대 3대 영웅이었던 노부나가, 히데요시, 이에야스에게 '두견새가 울지 않을 때 어떻게 하겠는가?'라는 물음에, 노부나가는 울지 않는 새는 죽여야 한다고 했다. 히데요시는 울지 않는 새는 울게 해야 한다고 했고, 이에야스는 울지 않는 새는 울 때까지 기다려야 한다고 했다. 이 이야기를 통해서도 우리는 이에야스가 얼마나 대단한 인내의 달인인지를 잘 알 수 있다. 내가 만난 일본 상사맨들에 따르면, 이에야스는 일본 비즈니스맨들이 가장 존경하고 닮고 싶은 인물이라고 했다. 아마도 천하를 통일한 이에야스의 인내력을 높이 평가해서가 아닐까 라는 생각을 해 본다.

인내하면 또 한 명의 인물이 떠오른다. 우리가 잘 알고 있는 중국의 전략가이자 정치가인 강태공이다. 그는 자신을 알아주는 주인을 만나기 위해 70세가 넘도록 낚시질로 하루하루를 인내하면서 세상을 낚을 준비를 했다. 그 오랜 모질고 긴 세월을 인내하면서 기다린 덕분에 훗날 주나라의 왕이 될 서백창의 눈에 띄어 중용되면서 중국의 은나라를

멸망시키고 주나라를 세운 일등공신이자 제상이 될 수 있었던 것이다. 그 또한 기나긴 인고의 세월을 참지 못했다면 주나라의 왕을 만나지 못했을 것이고, 결국 중국 전국을 제패한 나라의 제상이 결코 될 수 없었을 것이다.

조선 말 고종의 아버지 흥선대원군 또한 마찬가지다. 그는 왕실의 종친이었지만, 당시 60년간의 권력을 쥐고 흔들던 안동 김씨의 세력 밑에서 살아남기 위해서 거짓으로 거렁뱅이처럼 위장하여 자신이 권력을 잡는 그 순간까지 온갖 모욕과 조롱을 받으면서도 인내하면서 때가 오기를 기다렸고, 마침내 세상을 좌지우지할 수 있는 자리를 차지할 수 있게 된 것이다. 이들 모두가 천하를 호령할 수 있었던 것은 모진 긴 세월을 참고 견딘 인내력이 있었기 때문이다.

이렇듯 큰 업적을 남긴 사람들의 공통점을 보면 모두 한결같이 인내력이 대단한 사람들이라는 거다. 완전 국가대표급이다. 나 역시 C 부장으로부터 시달림을 받고 힘들었던 그 시절을 인내하지 못하고 회사를 그만두었다면, 그 후 내가 회사에서 경험한 23개국 60여 개 도시를 다니면서 쌓은 해외 비즈니스 경험, 인도 전문가 교육, 상사맨의 꽃이라 불리는 주재원의 기회, 인재 개발 업무의 경험 등을 하지 못했을 것이다. 또한, 인내라는 주제로 지금 쓰고 있는 이 글 또한 세상의 빛을 보지 못했을 것이다.

"강자가 살아남는 것이 아니라 살아남는 자가 강자이다."

직장에서 버티고 끝까지 살아남는 것이 중요하다는 것을 강조하는 말이다. 이 말처럼 **직장에서 살아남기 위해서는 어깨에 힘을 빼고**

자신에게 때가 오기를 인내하면서 기다릴 줄 알아야 한다. 인내는 분명 중요한 경쟁력 중 하나임에는 틀림없다. 허나, 인내는 그 누구도 가르칠 수 없고, 대신 경험하여 만들어 줄 수도 없다. 오직 본인 자신만이 시련을 이겨내고 극복하는 과정에서 얻을 수 있는 것이다. 비록 엄청난 고통이 따르지만, 뭔가를 이루기 위해서는 반드시 이겨내야 하는 시간이다.

인내는 정신적인 근육과 같은 것이다. 극한 상황을 극복해야 그만큼의 인내 근육이 성장하고 강인해지는 것이다. 내가 포기하는 순간 그때의 인내력이 나의 한계점이 되는 것이며, 어디를 가더라도 그 강도의 충격이 가해지면 결국 그 힘든 상황을 참지 못하고 포기하고 만다. 그러니 힘들다고 그 자리에서 주저앉거나 회피하지 마라. 또한, 내가 힘들면 남들도 다 힘들다는 것, 내가 좀 더 버티면 경쟁자들은 떨어져 나가게 되어 있다는 것을 명심하라. 조금만 참고 버티면 좋은 세상이 온다. 눈부신 미래를 맛보기 위해서는 살아남아야 하고, 그러기 위해서는 일단 참고 버텨야 한다. 그 힘이 바로 인내력이다. 지금 돌이켜보면 지난 20년간의 회사생활은 나 자신조차 모르고 살았던 인내심의 한계를 마음껏 시험해보는 기회였다.

삶이 그대를 속일지라도 슬퍼하거나 노여워하지 말라

슬픔의 날을 참고 견디면 기쁨의 날이 오리니

마음은 미래에 살고 현재는 늘 슬픈 것

모든 것은 순간에 지나고 지나간 것은 다시 그리워지나니

삶이 그대를 속일지라도 노하거나 서러워하지 말라

절망의 나날 참고 견디면 기쁨의 날 반드시 찾아오리라

마음은 미래에 살고 현재는 언제나 슬픈 법

모든 것은 한순간에 사라지지만 가버린 것은 마음에 소중하리라.

– 푸시킨, '삶이 그대를 속일지라도' 중에서 –

08 노는 것도
젊어서부터 연습해야 한다

직장 동료 결혼식 사회를 봐주기 위해 전주에 갔을 때의 일이다. 식장 휴게실에서 예식을 대기하는 중에 마침 옆 테이블에 중년 여성 네 분이 재미있게 수다를 떨고 있었다. 그들의 대화 중 이런 얘기가 귀에 들어왔다.

"남자들은 불쌍해요. 한평생 직장에서 일만 하다가 회사를 그만두면 혼자서 할 수 있는 게 없어요. 여자들은 젊어서부터 이렇게 모여서 수다를 떨면서 노는 게 익숙하다 보니까 나이가 들어서도 잘 노는데, 남자들은 그렇지가 못해요. 노는 것도 젊어서부터 연습을 해야 돼요."

참 가슴에 와닿는 말이었다. 그렇다. 노는 것도 연습을 해야 잘할 수 있다. 막상 나이 들어서 그때부터 놀려고 하면 생각만큼 쉽지가 않다. 일단 나이 들어서 뭘 배우려고 하면 몸도 잘 따라주지 않고 젊을 때 배우는 것보다 몇 배는 힘들다. 노는 것도 배움이요, 공부다. 잘 놀기 위해서는 어떻게 노는 것이 잘 노는 것인지 고민도 해야 하고, 남들은 어떻게 하는지 벤치마킹도 해야 한다. 취미나 봉사활동도 마찬가지다. 취미나 봉사활동도 배우기 위해서는 시간을 투자해야 하고, 젊을수록 쉽고 빨리 배울 수 있다. 나이 들어서 배우면 몸도 굳고 약해져서 잘못하다가는 다칠 수도 있다. 배우는 것의 종류도 제한을 많이 받는다. 때로는 하고 싶어도 할 수가 없는 경우도 있다. 그러니 놀이든 취미든 봉사활동이든 젊어서부터 시작해야 한다.

나는 업무상 해외 출장을 많이 다녔다. 출장은 이동 거리가 길고 일정도 빡빡하고, 시차도 있어서 충분한 수면을 취하기가 어려울 때가 많았다. 또한 출장 내내 긴장을 유지해야 하기 때문에 육체적 에너지 소모도 엄청나다. 하루 일정을 마치고 호텔에 들어가면 녹초가 되어버리곤 했다.

한번은 인도 주재원 시절 공급선 공장을 방문하러 가는 길이었다. 공급선의 공장은 이른 새벽 비행기로 2시간을 간 다음 다시 육로를 타고 5시간 정도를 가야만 하는 깊은 산골짜기에 자리 잡고 있었다. 가는 길은 비포장도로에다 험한 산길이 많은지라 달리는 차 안에 있으면 비포장도로의 충격이 머리끝에서 발끝까지 절로 느껴져 온다. 차를 오랫동안 타고 가다 보면 허리도 아프고 머리도 지근지근 아파온다. 피곤함에 떨어져 잠시 졸다 일어나 보면 목까지 엄청 뻐근함을 느낄 수 있다. 온몸이 쑤시지 않은 데가 없을 정도다. 인도에서의 국내 출장은 한마디로 육체적 피로감을 극도로 느낄 수밖에 없는 고단한 여정이었다.

여행이 고되니 이런 생각이 들었다.

'여행도 젊어서 많이 다녀야겠구나. 여행이라는 게 하다 보면 이렇게 피곤하고 힘든데, 나이 들면 점점 여행도 하기 어려워지겠구나.'

한번은 장모님을 모시고 여행을 갔는데, 그때도 같은 생각이 드는 것이다. 일흔을 넘기신 분을 모시고 국내외 여행을 다니는데, 몸이 불편하시다 보니 조금만 걸어도 피곤해 하셔서 볼거리가 많아도 마음껏 즐기지 못하셨다. 하물며 비행시간이 긴 먼 거리는 엄두조차 못 낸다. 여행 중에 혹시나 어떻게 될까 하는 걱정 때문이다. 이런 걸 보면서 여행도 젊어서 열심히 다녀야 한다는 걸 다시 한 번 깨달았다.

젊을 때는 힘이 있어서 아무데나 갈 수 있고 남들이 잘 가지 않는 먼 곳도 갈 수 있다. 새로운 곳의 구석구석을 찾아서 돌아다녀볼 수도 있고, 힘든 여정도 소화할 수 있다. 숙소가 좋지 않아도 된다. 그리고 젊을 때는 새로운 것에 대한 아이디어도 좀 더 많이 얻을 수 있고 시야도 넓어진다. 그러나 나이 들어서 여행을 하면 신경 써야 할 부분이 많다. 숙박이나 편의시설도 그렇고, 여행하기 어려운 곳은 가급적 피하게 된다. 먹는 것도 잘 가려서 먹어야 하고 여정도 빡빡하게 짤 수 없다. 여러모로 제약조건이 많이 따른다.

사람들은 흔히 이렇게 얘기하곤 한다.

"여행은 나중에 애들 다 키워놓고 여유 있을 때 하지 뭐…."

그러나 이는 잘못된 생각이라고 본다. 앞에서 말한 것처럼 나이가 들면 더 바빠지고 몸도 약해져서 여행하는 게 점점 힘들어진다. 아무래도 젊었을 때보다는 즐거움이 덜할 수밖에 없다. 만약 나이 들어서 병이라도 들면, 그때는 하고 싶어도 할 수가 없게 된다. 이 점을 명심하고 직장생활이 바쁘고 여유가 없더라도 젊은 시절부터 시간을 내어 틈틈이 열심히 다녀야 한다.

"노세 노세 젊어서 놀아, 늙어지면 못 노나니······." 이런 노래도 있지 않은가?

들으면 들을수록 멋진 노래라는 생각이 든다. **그렇다고 젊어서 무조건 놀라는 말은 절대 아니다. 노는 것도 공부다. 잘 노는 사람이 공부나 일도 잘하는 법이다. 열심히 일하는 중에 틈틈이 시간을 만들어 여행도 하고, 열심히 놀면서 다양하게 경험하라는 말이다. 지나고 보면 다 도움이 된다. 그러니 한 살이라도 젊고 힘 있을 때 열심히 다녀라. 한 것에 대한 후회는 잠시지만, 하지 않은 것에 대한 후회는 평생 간다. 할 수 있는 한 마음껏 해라. 그것이 제대로 사는 것이며 행복한 인생이다.**

한 살이라도 젊었을 때부터 열심히 놀면서 배워야 한다. 그것이 재미있게 꿈을 찾고 성공하는 방법이다.

제**3**부

원리를 알면
직장생활이 즐겁다

꿈을 이루어가는 삶이
행복한 직장인의 삶이다

꿈이
이루어지는 공식

01

"꿈은 준비(노력)가 행운을 만날 때 이루어진다."

이 말은 꿈의 공식을 한 문장으로 표현한 것이다. 다시 말하면 꿈을 이루기 위해서는 노력을 하고 운이 따라주어야 한다는 말이다. 그럼 지금부터 꿈을 공식, 즉 꿈이 어떻게 이루어지는가를 표를 통해서 간단히 설명해 보겠다.

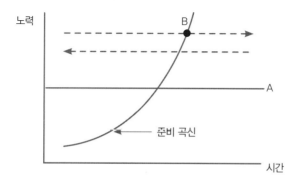

위의 표는 꿈을 이루기 위한 준비와 행운과의 상관관계를 나타낸 것이다. X축이 시간이고, Y축이 노력의 양이다. 그리고 준비 곡선은 표에서 보는 바와 같이 2차 함수 곡선이다. A의 가로 실선은 꿈을 이루기 위해서 반드시 축적되어야 하는 노력의 절대량을 나타내는 선이고, 그 실선 위에 있는 점선은 행운의 선이다. 이때 행운의 선은 실선이 아니고 점선이며, 좌, 우로 항시 움직이고 있다.

점 B는 준비의 곡선이 행운을 만나는 점인데, 바로 이 점이 꿈이 이루어지는 지점이다. 즉 꿈이 이루어지기 위해서는 준비 또는 노력이 반드시 행운을 만나야 한다. 여기서 주목할 것은 준비 곡선이 행운을 만나려면 일단은 노력의 절대선 A를 넘어가야 한다는 것이다. 노력의 절대선 A를 넘지 않고서는 행운을 만날 기회조차 얻을 수 없기 때문이다. 그래서 꿈을 이루기 위해서는 노력이 절대적으로 중요하다. 참고로, 실선 A를 넘기기 위한 노력의 양은 오랜 시간의 인내와 각고의 노력이 있어야 한다.

우리가 준비(노력)를 열심히 하는 것은 바로 행운을 만날 기회를 잡기 위해서라고 보면 된다. 일종의 행운을 만날 기회가 주어지는 번호 대기표를 받기 위한 것이라고 생각하면 좋을 것 같다. 단, 여기서 번호표를 받는다고 무조건 행운을 만날 수 있는 것도 아니다. 행운의 선은 점선이고 항상 좌우로 왔다 갔다 이동하기 때문에 준비 곡선이 행운의 점선 사이를 그냥 스쳐갈 수도 있기 때문이다. 그래서 준비 곡선이 A선을 통과하고 나면 이때부터는 계속 준비하면서 행운의 점선과 만날 때를 기다려야 한다. 그야말로 인내의 싸움이다. 하지만 인내하면서 기다리다 보면 언젠가 기회가 한 번쯤은 오게 되어 있다. 그 때를 놓치지 말고 기회를 잡으면 된다. 그때 우리의 꿈은 이루어지게 되는 것이다.

이번에는 이 공식을 직장에서 볼 수 있는 일들을 통해 간단히 설명해 보겠다. 먼저, 승진의 경우다. 승진은 승진 점수가 되는 사람들 중에 심사를 거쳐 승진을 시킨다. 그럼, 승진하기 위한 준비는 무엇인가? 바로 승진 점수를 확보하는 것이다. 즉 고과 점수와 어학 점수가 승진을 위한 커트라인을 통과해야만 한다는 말이다. 이를 위해서는 평소에 열심히 해서 상사로부터 좋은 고과를 받을 수 있도록 노력해야 하고, 어학 공부도 열심히 해서 어학 등급을 올려놓아야 한다. 그리고 업무뿐만 아니라 상사나 주변 사람들에게 좋은 인상을 줄 수 있도록 개인적으로 부단한 노력도 필요하다. 이러한 노력이 바로 준비에 해당한다.

그다음에 평가위원들의 심사 결과를 기다려야 하는데, 그것이 바로 운에 해당한다. 만약 준비에 해당하는 승진 점수가 되지 않으면 승진 심사 자체에도 오를 수 없게 되고, 이는 행운을 만날 기회조차 없게 되는 것이다.

해외 주재원 선발도 마찬가지다. 주재원에 선발되기 위해서는 일단 고과 점수가 일정 수준 이상이 되어야 한다. 그리고 직장 상사의 추천이 있어야 한다. 그다음 인사팀 및 그 상위 부서의 합의나 승인을 받아야 한다. 여기서 고과나 직장 상사의 추천을 받으려면 업무적으로 신임을 받아야 하고, 그러기 위한 노력은 준비에 해당한다. 그다음 직장 상사의 추천이나 인사팀 또는 상위 부서의 합의나 승인은 운에 해당하는 것이다.

이번에는 사내에서 자신이 희망하는 부서로 가는 경우를 살펴보자. 자신이 희망하는 부서로 가기 위해서는 일단 기존 부서에서 열심히 해야 한다. 그래서 기존 부서의 직장 상사로부터 인정을 받아야 한다. 기존 부서에서 인정을 받지 못하고 평이 좋지 않으면 타 부서에서도 평이 좋지 않은 사람을 받지 않을 가능성이 높기 때문이다. 그리고 희망 부서가 원하는 직무 역량을 꾸준히 축적해야 한다. 또한, 틈틈이 인사팀이나 희망하는 부서 사람들과 교류하면서 친분을 잘 맺어두는 것도 중요하다. 부서를 옮길 때 인사팀으로부터 원활한 합의와 지원을 얻거나 희망 부서에서 자신을 받아야겠다는 생각이 들도록 좋은 인상을 주기 위해서다. 평소에 시간이 날 때 자신의 생각을 인사팀이나 희망 부서에 조심스럽게 전달하는 것도 필요하다. 그리고 때를 기다려야 한다. 1년이 걸릴 수도 있고, 몇 년이 걸릴 수도 있다. 하지만 기다리다 보면 기회는 반드시 한 번쯤은 오게 되어 있다. 그때 행운을 잡으면 된다.

여기서도 꿈 공식이 그대로 적용된다. 기존 부서에서 열심히 하는 것, 희망 부서의 직무 역량 축적, 인사팀이나 희망 부서 사람들과의 교류 등이 바로 준비에 해당된다. 희망 부서에 결원이 생겨 갑자기 사람이 필요하다든지, 그때 인사팀의 지원, 희망 부서의 승인 등이 운에 해당된다. 이렇게 준비가 행운을 만날 때 자신이 희망하는 부서로 갈 수 있게 되는 것이다.

우리 삶에서 운은 중요하다. 나 또한 살아오면서 경험을 통해 운의 중요성을 실감하고 있다. 하지만 더 중요한 것은 그 운을 잡기

위해서는 반드시 준비가 뒷받침되어야 한다는 것이다. 준비가 되어 있지 않으면 행운의 여신이 바로 옆을 지나가도 그 운을 잡을 수가 없다. 마키아벨리 역시 군주론에서 준비의 중요성에 대해 다음과 같이 얘기를 했다.

"무언가를 하고자 하는 자는 무엇보다도 먼저 준비에 전념할 필요가 있다. 기회가 오기를 기다렸다가 준비를 시작해서는 이미 늦다. 행운이 미소 짓기 전에 준비를 갖추어 놓아야 하는 것이다. 이것만 게을리 하지 않고 해 두면, 좋은 기회가 찾아오자마자 즉각 움켜잡을 수 있다. 좋은 기회는 당장 붙잡지 않으면 달아나게 마련이다."

그의 말처럼 행운을 잡기 위해서는 준비를 철저히 해야 한다. 그래야만 행운이 왔을 때 잡을 수 있다. 명심하라. 꿈은 준비가 행운을 만날 때 이루어진다. 그리고 행운을 만날 수 있는 확률을 높이는 것은 전적으로 나의 준비에 달려있다는 것을 잊지 말자.

꿈을 이루려면 준비가 운을 만나야 한다. 그런데 준비가 운을 만나기 위해서는 육체적 건강, 자신에 대한 믿음, 인내, 동기부여가 반드시 뒷받침되어야 한다.

02 내가 가진 가장 소중한 자원

"시간은 인간이 쓸 수 있는 것들 가운데 가장 소중한 것이다."

그리스 철학자 디오게네스가 한 말이다. 꿈이나 목표를 정하고 이를 달성하기 위해 노력하다 보면, 시간이 절대적으로 부족하다는 것을 절실히 깨닫게 된다. 꿈을 이루기 위해 막상 일을 시작해 보면 해야 할 것이 한두 가지가 아니기 때문이다.

예로, 책 쓰기에 대해 잠시 얘기해 보자. 내가 책을 쓰겠다고 결심하고 막상 시작해 보니 해야 할 일들이 너무 많았다. 우선 책, 신문, 잡지 등 관련 내용들을 많이 읽어야 하고, 주요 내용들을 메모하고 정리도 잘해 두어야 한다. 그리고 많이 보고 듣고 생각도 많이 해야 하며, 정리한 것들을 매일매일 글로 꾸준히 써야 한다. 이러한 일들을 바쁜 회사 일을 하면서 틈틈이 해야 하기 때문에 항상 시간이 부족함을 느낀다. 따라서 한정된 시간을 어떻게 활용하는가가 승패를 좌우한다고 해도 과언이 아니다.

《마지막 강의》의 저자 카네기멜론대학교의 랜디 포시(Randy Pausch) 교수는 시간에 대해서 다음과 같이 강조했다.

"시간은 당신이 가진 전부다. 그리고 당신은 언젠가 생각보다 시간이 얼마 남지 않았다는 사실을 알게 될 것이다."

랜디 포시 교수의 말처럼 시간은 우리가 가진 전부이자 꿈을 이루기 위해서 필요한 가장 소중한 자원이다. 이처럼 소중한 자원인 시간을 어떻게 활용하느냐가 매우 중요한데, 그렇다면 시간을 어떻게 하면 잘 관리하고 활용할 수 있을까?

먼저 간단한 시간 일지를 써 보는 거다. 자신의 하루일과를 잘 관찰해 보면 그냥 버려지는 시간들이 꽤 있다는 것을 알 수 있다. 하는 일 없이 빈둥빈둥하면서 소비하는 시간들 말이다. 시간 일지를 써 보면 이렇게 버려지는 시간을 줄이는 데 많은 도움이 된다. 하루 일과를 시간대별로 작성해 보고, 비효율적으로 사용되는 시간이 없는지 파악하는 것이다. 그런 시간을 찾아서 어떻게 활용할 것인가를 고민하고, 계획을 잘 세워서 활용하면 좀 더 시간을 효율적으로 사용할 수 있다.

그리고 '할 일 리스트'를 작성해 보자. 바쁜 일상 속에서도 가끔 자투리 시간이 생길 때가 있다. 그런데 많은 직장인이 시간이 없다고 투덜대면서도 막상 여유 시간이 생기면, 그 시간을 어떻게 써야 할지 몰라 그냥 허비하는 경우가 종종 있다.

나 역시 바쁜 직장 업무 중에 가끔씩 짧게나마 여유가 생기면 그 시간을 제대로 활용하지 못하고 아무 생각 없이 그냥 보내는 경우가 있었다. 이렇게 틈틈이 나는 공돈 같은 자투리 시간을 생산적으로 활용하기 위해서 '할 일 리스트'를 작성하는 것이다.

예를 들어 바쁜 일과 중에 잠시 비는 시간을 잘 활용해서 독서, 짧은 글쓰기, 생각 정리와 메모 등을 하겠다고 미리 리스트를 작성한 다음, 자투리 시간이 날 때마다 아무런 고민 없이 그 리스트에 있는 일들을 하는 것이다. 일종의 생산적인 시간 활용 시스템을 만드는 것이라고 할 수 있다. 이렇게 할 일 리스트를 미리 작성해 두면 시간을 좀 더 생산적으로 활용할 수 있다. 티끌 모아 태산이라는 말처럼 자투리 시간도 잘만 사용하면 자신의 성장을 위해서 유용하게 쓸 수 있다.

그리고 자신이 집중이 잘 되는 시간대를 파악해 두면 시간 활용뿐만 아니라 일처리를 보다 효율적으로 할 수 있다. 자신이 아침형 인간인지 저녁형 인간인지 파악한 다음, 업무의 중요도에 따라 시간대를 정해서 일하는 것을 말한다. 중요한 일은 집중력이 높은 시간대에 처리하고, 기타 일들은 남는 시간에 하면 보다 효율적으로 일처리가 가능하다.

일반적으로 저녁 시간은 감성이 높은 시간대이고, 아침은 이성이 지배하는 시간이다. 예를 들어 보고서를 쓰는 일들은 이성적인 오전 시간에 하는 것이 좋다. 저녁 시간에 보고서를 쓰게 되면 감성이 높은 시간대이기 때문에 용어가 다소 공격적이고 용감해질 수 있다. 그래서 저녁에 쓴 보고서는 가급적 아침에 꼭 다시 읽어보고 표현을 많이 순화시켜야 한다. 그래야만 실수를 줄일 수 있다.

보통 늦은 저녁 시간이나 새벽 시간은 연애편지와 같이 감성적인 글을 쓰기에 좋은 시간이다. 이 시간대에 쓴 연애편지를 다음 날 읽어보면 정말 유치찬란하다. 이와 같이 시간대의 특성을 잘 파악해 두면 좀 더 효율적으로 일할 수 있다.

그리고 직장인들이 자신의 미래를 위해서 절대 포기해서는 안 될 것이 있다. 바로 새벽 시간과 주말 시간의 활용이다. 직장인들이 자기계발이나 꿈을 이루기 위해서는 일정량의 연속되는 시간을 확보하는 것이 중요하다. 현대 경영학의 아버지 피터 드러커(Peter Ferdinand Drucker)는 이 시간을 '자유재량 시간'이라고 했다. 하지만 직장인들은 과중한 업무와 저녁 술자리 등으로 항상 바쁘고, 피곤해서 이런 자유재량 시간을 확보하기가 쉽지가 않다. 그래서 공사다망한 직장인들이 이런 시간을 확보하기에 가장 좋은 시간이 바로 출근 전 새벽 시간과 주말 시간이다. 새벽 시간은 그 어느 누구에도 구애받지 않고 자신을 위해 온전히 투자할 수 있는 시간이다. 주말 시간 또한 자신이 마음먹기에 따라 얼마든지 활용이 가능한 시간이다. 사실 새벽시간이나 주말시간을 제대로 활용하지 못하면, 직장인이 뭔가를 이룬다는 것은 현실적으로 어렵다고 봐야 한다. 이 시간을 어떻게 사용하느냐에 따라 꿈 이루기 프로젝트의 성공 여부가 결정된다고 할 수 있다.

지금까지 효율적인 시간 관리나 활용에 관해서 이야기했다. 하지만 나의 경험으로 비춰 볼 때 시간을 가장 잘 활용하기 위한 최고의 방법은 뭐니뭐니해도 꿈을 갖는 것이다. 꿈이 있으면 누가 뭐라고 하지 않아도 스스로 시간 관리에 철저해진다. 또한 꿈을 이루기 위해 수단과 방법을 가리지 않고 필요한 시간을 확보해서 최대한 시간을 잘 쓰려고 노력하게 된다. 반면 꿈이 없거나 목표가 없으면 시간의 중요성을 잘 못 느낀다. 이런 걸 보면 시간 관리도 이유가 있어야 잘할 수 있다는 생각이 든다. 꿈은 시간 관리의 중요한 이유다. 꿈 이루기라는 시간 관리의 명확한 이유가 있기 때문에 자신을 절제해 가며 시간을 독하게 관리하면서 쓰게 되는 것이다. 그리고 간절히 바라는 꿈이 생기면 시간이 소중한 자산임을 스스로 깨닫게 된다. 꿈을 갖는 것, 우리가 가진 가장 소중한 자산인 시간을 가장 잘 활용하는 최고의 방법이다.

가능한 빨리 꿈을 찾아라. 몸을 위해 가용할 수 있는 젊은 시간은 유한하기 때문이다.

03 꿈을 이루기 위해
끝까지 지켜야 할 룰

"두드려라, 열릴 때까지. 아무리 애를 써도 진전이 없어 지치기 시작할 때, 열심히 목표를 향해 달리고 있지만 끝이 보이지 않을 때, 눈앞의 장애물이 너무 커 그만 포기하고 싶을 때마다 이 한 마디가 내게 얼마나 큰 용기를 주는지 모른다."

《그건, 사랑이었네》의 저자 한비야가 한 말이다. 그녀는 오지 여행 6년째가 되는 해 위기가 찾아왔다. 에티오피아 여행에서 말라리아에 걸린 것이다. 말라리아 약을 먹으면 머리가 빠지고, 약을 많이 먹으면 눈이 보이지 않으며 간도 나빠진다. 그녀는 2주 동안 아무것도 먹지 못했다. 당시 주변에는 영어로 소통할 수 있는 사람도 없었고, '정말 이렇게 죽을 수도 있겠구나.' 하는 생각이 들었다고 한다. 그녀는 세계 여행 6년 만에 처음으로 모든 것을 포기하고 집으로 돌아가고 싶은 마음이 들었다고 한다. 그러나 그때 그녀의 마음 한 구석 깊은 곳에서 뭔가 꿈틀거리는 것이 있었다. '지금 내가 있는 곳이 바로 물이 100℃로 끓기 시작하기 전인 99℃가 아닌지….' 그녀는 많은 고민 끝에 여행을 포기하지 않았다. 그리고 죽을힘을 다해서 인근에 있는 한국인이 사는 집을 찾아서 고비를 넘기고, 결국 7년간의 오지 여행을 무사히 마칠 수 있었다.

꿈을 향해 가는 과정은 험난한 긴 여정이다. 한번쯤은 포기하고 싶은 순간을 맞이하게 된다. 그때 그 순간을 견디고 이겨내야만 목표한 꿈을 이룰 수 있다. 한비야도 오지 여행 6년 만에 죽을지도 모르는 큰 위기를 맞았다. 하지만 그녀는 위기의 상황에서 포기하지 않고 마지막 있는 힘을 다하여 그 위기의 순간을 극복하고, 마침내 7년간의 오지 여행을 무사히 마쳤다.

세계적인 비즈니스 전략가이자 《더딥(the dip)》의 저자 세스 고딘(Seth Godin)은 인생에서 해볼 만한 가치가 있는 모든 일에는 '딥(dip)'이 있다고 했다.

"딥은 어떤 일의 시작과 그것에 숙달되는 시점 사이에 놓인 길고 지루한 과정이다. 초심자가 운 좋게 잘 되는 것과 의미 있는 업적 달성 사이에 놓인 간극이기도 하다. 딥은 큰 꿈을 이루려면 반드시 겪어야 하는 힘겨운 시기이다. 그러나 딥은 희소성을 만들어 내고 희소성은 가치를 창출한다."

딥은 역경, 장애물, 인내의 기간이라고 할 수 있다. 가치 있는 뭔가를 이루기 위해서 통과해야만 하는 긴 어두운 터널이며, 반드시 넘어야 할 산이기도 하다.

《마지막 수업》의 저자 랜디 포시 교수 또한 장벽에 대해 다음과 같이 얘기했다.

"장벽에는 다 이유가 있다. 장벽은 우리가 무엇을 얼마나 절실하게 원하는지 깨달을 수 있도록 기회를 제공하는 것이다. 장벽은 절실하게 원하지 않은 사람들을 걸러 내려고 존재한다. 장벽은 당신이 아니라 다른 사람들을 멈추게 하려고 거기 있는 것이다."

그렇다. 꿈을 향해 가는 과정에 놓인 장벽은 자신의 간절함을 시험해 보기 위해 있는 것이다. 장벽은 자신을 떨어뜨리기 위한 것이 아니라 간절함이 부족한 경쟁자들을 막기 위해 존재하는 장애물인 것이다. 목표한 것을 실행하는 과정에서 업 다운은 누구나 겪는 일이다. 때로는 감당하기 힘든 큰 시련을 겪을 수도 있다. 하지만 중도에 포기해서는 안 된다. 목표에서 눈을 떼지 말고 인내하면서 끝까지 가야 한다.

물은 100℃에서 끓는다. 그런데 자신이 중도에 포기한 곳이 바로 물이 끓기 전인 99℃일 수 있다는 것을 명심하라. 근육을 키우기 위해 하는 웨이트 트레이닝의 경우에도, 더 이상 버틸 수 없는 마지막 순간을 이겨내고 덤벨을 들어 올리는 순간이 바로 근육이 커지는 때이다. 마지막 그 몇 초를 못 견디고 덤벨을 들어 올리지 못하면 근육을 키우는 것은 실패로 돌아가고 만다.

외국어 공부도 마찬가지다. 외국어 공부는 성적이 단번에 오르지 않는다. 하지만 꾸준히 단어를 암기하고 문법을 배우고 문장을 계속 독해하다 보면 어느 시점에서 갑자기 성적이 훅 올라간다. 골프도 그렇다. 드라이브샷, 아이언샷, 어프로치 및 퍼터가 모두 잘될 때 비로소 스코어가 좋아진다. 어느 하나를 잘했다고 단번에 점수가 잘 나오지 않는다. 결국 지루함과 고통을 참아내는 끈기 있는 사람만이 긴 어두운 터널을 통과하여 밝은 세상을 볼 수 있다.

인디언들이 가뭄이 심해 기우제를 지내면 반드시 비가 온다고 한다. 그럴 수밖에 없다. 그들은 비가 올 때까지 계속 기우제를 지내기 때문이다. 어떤 일이든 일단 시작했으면 끝까지 해야 한다. 그래야만 그 꿈을 이룰 수 있다. 설령 꿈을 이루지 못했다고 하더라도 후회나 미련이 없다.

직장에서 한 분야의 전문가로 입신하는 것이 일반 직장인들의 꿈이다. 하지만 그 과정은 고되고 험한 지난한 길이다. 그 꿈을 향한 길을 포기하지 않고 완주하기 위해서는 버티는 힘이 있어야 한다. 그 힘이 바로 간절함이다. 가끔은 지치고 포기하고 싶은 마음이 들 때도 있다. 힘들면 포기하고 싶은 게 인간의 본능이니까 말이다. 큰 꿈일수록 어려움이 클 수 있다. 하지만 간절하면 그 어려움을 이겨낼 수 있다. 그래야만 값진 가치를 얻을 수 있는 것이다.

일단 꿈이 정해지면 절대 포기하지 마라. 포기만 하지 않으면 시간문제이지 간절히 바라는 꿈은 반드시 이루어지게 되어 있다. 긴 마라톤 경주에서 골인 라인을 불과 몇 미터밖에 남겨두지 않았는데, 그만둘 수는 없지 않은가?

꿈을 이루는 사람은 그 꿈을 향해서 한 발짝씩 전진하는 사람이다. 한 방울씩 떨어지는 낙숫물이 바윗돌을 뚫는 것처럼 꿈을 반드시 이루어 내고야 말겠다는 간절함으로 조금씩 조금씩 전진하는 것이다. 이것이 꿈을 이루기 위해 끝까지 지켜야 할 룰이다.

절대 포기하지 마라. 간절함으로 계속 노력한다면, 한 번쯤은 행운의 여신을 만날 수 있다.

04 꿈꾸는 미래를 만드는 출발점

영화 〈터미네이터〉를 보면 주인공 존 코너를 없애기 위해 미래 세계에서 현재로 기계 인간 터미네이터를 파견한다. 미래를 바꾸기 위해 현재로 로봇 인간을 파견한다는 내용을 보면서 문득 스치는 생각 하나가 있었다. 내가 살고 있는 현재가 내 자신이 통제할 수 있는 유일한 시간이자 미래를 바꿀 수 있는 시간이라는 것이다. 즉, 현재를 어떻게 보내느냐에 따라 미래가 달라진다는 말이다. 다시 말하면, 자신이 원하는 미래를 만들려면 지금 현재 그 미래를 위해 뭔가를 준비하고 노력해야 한다는 것이다.

자신이 원하는 미래를 만들려면 먼저 그 미래를 알아야 하고, 그러기 위해서는 미래로 가서 그 미래를 볼 수 있어야 한다. 그래야만 미래를 위한 준비를 제대로 할 수 있기 때문이다. 허나, 우리는 미

래로 갈 수가 없다. 오직 상상을 통해서만 가능하다. 그래서 상상력이 중요한 것이다.

자신이 간절히 바라는 미래의 세상, 자신이 꿈꾸는 세상을 보기 위해서 상상력을 통하여 미래로 한 번 가보는 것이다. 이때 그 세상을 구체적이고 생생하게 그려봐야 한다. 그 세상을 보았다면 가슴이 뛰어야 한다. 만약 그렇지 않다면 그 세상은 진정으로 자신이 꿈꾸는 세상이 아니다. 자신이 진정 원하는 세상은 자신의 마음을 울리는 세상이다.

상상력을 통하여 자신이 꿈꾸는 세상을 봤다면, 그 다음 할 일은 다시 현재로 돌아와서 그 세상을 위해 지금 해야 할 일들을 계획하고 실행해야 한다. 그래야만 자신이 원하는 세상이 이루어질 수 있다.

자신이 볼 수 없는 미래, 상상하지 않는 미래는 결코 오지 않는다. 자신이 미래를 보지 못하면 현재에 무엇을 해야 할지 모르기 때문이다. 현재에 아무런 준비와 노력도 하지 않는 미래가 어떻게 현실로 이루어질 수 있단 말인가? 콩 심은 데 콩 나고 팥 심은 데 팥 나는 법이다. 봄에 씨를 뿌려야 가을에 곡식을 거둬들일 것이 아닌가? 그래서 상상력을 통해서 미래를 먼저 가 봐야 한다. 그것이 꿈꾸는 미래를 만드는 출발점이다.

나 역시 하고 싶은 것이 있으면 늘 상상하면서 노력했고, 그렇게 해서 원하는 것들을 이루어 왔다. 대학교 시절, 난 007가방을 들고 세계를 누비면서 비즈니스를 하는 상사맨이 되고 싶었다. 그래서 그렇게 상사맨이 된 나 자신의 모습을 상상하면서 대학시절을 보냈고, 결국 삼성물산에 입사하여 상사맨이 되었다. 상사맨이 되어 해외 영업을 하던 중 인재 개발 업무가 해외 영업보다 잘 맞을 것 같다는 생각을 하게 되었다. 그리고 교육 담당자, 사내 강사가 너무 되고 싶었다. 그때부터 늘 교육 담당자가 돼서 교육과정을 만들고 운영하고, 사내 강사가 되어 강의하는 모습을 상상하고 준비하면서 기회가 오기를 기다렸다. 그러던 중, 인도 주재 생활을 마치고 본사 복귀하면서 마침내 원하던 인재 개발 업무로 직무를 전환할 수 있었다.

이처럼 나는 하고 싶은 것이 있으면 늘 그것을 이룬 나의 모습을 상상했고, 그렇게 해서 국제 이벤트 담당, 지역 전문가, 주재원, MBA 졸업, 인사 교육 업무하기, 사내 강사 등 하고 싶은 일들을 이루면서 왔다. 그래서 상상력의 힘은 크다는 것을 굳게 믿고 있다.

이지성 작가의 《꿈꾸는 다락방》이라는 책을 보면, 세계적인 화장품 회사인 에스티 로더 사의 설립자인 에스티 로더(Estee Lauder)가 미래에 대한 상상력에 대해 얘기한 것을 다음과 같이 소개하고 있다.

"당신의 꿈을 시각화하라. 만일 당신이 마음의 눈으로 이미 성공한 회사, 이미 성사된 거래, 이미 달성된 이윤 등을 볼 수 있다면 실제로 그런 일이 일어날 가능성이 높아진다. 이미 성공한 모습을 마음속으로 생생하게 그리는 습관은 목표를 달성하는 가장 강력한 수단이다."

에스티 로더는 가난한 집의 딸이었지만, 그녀 또한 눈부신 자신의 미래를 생생히 상상하면서 결국 세계적인 화장품 회사의 주인이 될 수 있었다.

이처럼 미래를 상상하는 것은 미래를 만드는 출발점이다. 또한 미래를 상상해 보는 것은 자신을 동기부여 하는 좋은 방법이기도 하다. 직장생활은 하루하루가 긴장의 연속이며, 때로는 일에 대한 의욕도 떨어지고 슬럼프가 오기도 한다. 이때마다 자신이 꿈꾸는 미래를 상상해 보는 거다. 그러면 다운되었던 마음이 다시 업이 되고, 큰 위로와 위안이 된다. 또, 자신이 지금 준비하고 있는 것이나 간절히 바라는 것이 이루어졌을 때의 모습을 상상하면 에너지가 나오게 되고, 빨리 그것을 이루고 싶은 욕망이 샘솟기도 한다.

꿈을 이루어 가는 과정은 어찌 보면 지금의 자신을 변화시키는 과정이라고도 할 수 있다. 하지만 지금까지 해보지 않은 것을 변화시키는 것은 참 힘든 과정이다. 그래서 그 과정에는 예상치 못한 어려움들이 많이 있기 마련이다. 이를 극복하고 성공적인 변화를 하기 위해서는 자기 자신을 끊임없이 동기부여 해야 하며, 이때 미래를 상상해 보는 것은 큰 힘이 된다.

이런 상상력은 처음부터 쉽게 길러지는 게 아니다. 상상력도 근육과 같아서 계속해서 상상하는 연습을 해야 잘할 수 있는 것이다. 처음에는 눈을 감고 상상을 해봐도 잘 그려지지 않을 수 있다. 무엇보다도 상상력이 좋아지려면 보고, 듣고, 느끼는 것이 많아야 한다. 모든 것이 그렇듯 상상력도 경험이 많아야 한다. 자신이 알지 못하고 보지도 않은 것을 상상하기는 정말 어렵다. 자신이 알고 있는 것을 바탕으로 응용해서 생각하는 것이 상상력이기 때문이다. 그래서 상상력도 아는 것만큼 경험한 만큼 잘할 수 있다. 처음에는 다소 상상하는 것이 잘되지 않더라도 너무 낙담하지 말고 부단히 공부하고 다양한 시도를 해 봐라. 그러다 보면 미래에 대하여 상상하는 게 점점 자연스러워질 것이다.

끝으로, 항상 미래가 불안한 직장인들은 평소에 자신이 원하는 미래를 자꾸 상상해 보고 준비하는 자세가 필요하다. 미래를 준비하는 것은 단번에 되는 것이 아니라 오랜 시간이 걸리기 때문이다. 또한 **자신이 원하는 미래를 상상하고 준비할 때만 그 미래가 현실로 이루어질 수 있다는 것을 명심해야 한다. 자신이 상상하지 않는 미래는 절대 오지 않는다. 오직 상상한 미래만이 현실로 이루어질 수 있다.** 미래를 준비해 가는 길은 자신과의 싸움이며, 누구도 대신할 수 없는 긴 여정이다. 힘들고 지칠 때도 있고, 게으름을 피우고 싶을 때도 있다. 그럴 때마다 눈부신 미래를 상상하면서 다시 힘을 내보는 거다. 꿈이 이루어지는 그날까지.

상상하지 않는 미래는 오지 않는다. 꿈의 시작은 상상력에서 출발한다.

05

변화의 기회와
발전의 원동력

직장생활은 문제의 연속이며, 그 과정 속에서 크고 작은 위기가 찾아온다. 그 중에서도 가장 큰 위기라고 하면 아마도 직장을 떠나야만 하는 상황일 것이다. 잘 다니는 직장을, 그것도 자신의 뜻과는 상관없이 말이다. 그때의 정신적 충격과 심적 고통은 이루 말할 수 없을 정도로 큰 것이다.

나 또한 직장 다니면서 위기가 있었고, 그때마다 삼성이라는 직장을 떠난다는 생각을 해 보았다. 그때의 불안과 걱정, 두려움은 이루 말할 수 없었다. 마치 삼성이라는 초대형 항공모함에서 구명조끼 하나만 입고 태풍이 몰아치는 시퍼런 바닷물 속에 뛰어 내리는 그런 공포감이 들기도 했다. 상상을 해 보라. 항공모함의 높은 난간 끝에 서서 까마득히 아래로 보이는 험한 바닷물로 뛰어내리는 것을. '과연 내가 저 무섭게

파도치는 바닷속에서 살아남을 수 있을까? 아버지의 눈을 뜨게 하기 위해 공양미 삼백 석에 인당수 푸른 물에 몸을 던진 심청이도 나와 같이 이런 무서운 마음이 들었을까?' 온갖 상념들이 머릿속을 스쳐갔다.

이처럼 잘 다니는 직장을 떠난다는 것은 참 힘든 일이다. 그것도 아무런 준비 없이 말이다. 하지만 '좋은 약은 입에 쓰다'는 말처럼 그 위기를 잘 극복하고 나면, 그 위기가 꼭 나쁘지만은 않다는 것을 우리는 경험을 통해 종종 알게 된다. 그 위기가 전화위복이 되어 변화의 기회가 될 수도 있기 때문이다. 기회는 항상 위기라는 포장지에 싸여 온다는 말도 있지 않은가?

예를 들어, 먹고사는 문제 때문에 자신이 정말 하고 싶은 일을 못하고 그냥 직장을 다니는 상황이라고 해 보자. 그런데 갑자기 직장을 떠나야 하는 위기가 닥쳤다고 가정을 해 보는 거다. 그럼 당신은 어떻게 하겠는가? 지푸라기라도 잡겠다는 절박한 심정으로 뭐든지 해야겠다는 생각이 들 것이고, 그동안 마음으로만 생각하고 있던 자신이 하고 싶은 일을 실행에 옮기게 될 것이다. 그것도 죽을힘을 다해서 말이다. 이런 경우 위기는 자신의 오랜 꿈을 이룰 수 있는 좋은 변화의 기회가 될 수 있는 것이다.

이와 같이 **위기는 변화를 시도해야 할 기회가 될 수 있다. 하지만, 위기가 변화의 기회가 되기 위해서는 전제 조건이 따른다. 앞에서 얘기한 바와 같이 자신에게 닥친 위기를 기회로 만들려면 먼저 꿈이 있어야 한다. 그리고 철저한 준비를 해야 한다. 그렇지 않고는 위기는 그냥 위기일 뿐이다.**

누구나 위기가 오면 당황하고 불안해한다. 하지만 꿈이 있으면 당황하고 방황하는 시간을 줄일 수 있고 빨리 극복할 수 있다. 꿈은 자신이 가야 할 방향이자 목적지이다. 목적지가 있으면 그 과정에서 크고 작은 위기를 만난다고 할지라도 그 곳으로 가는 방법만 찾아서 열심히 가면 되기 때문이다.

예를 들어 보자. 직장을 다니다 보면 예상치 못한 일들이 많이 일어난다. 잘 있던 부서가 하루아침에 없어지기도 하고, 그로 인해 갑자기 타 부서로 가야 하는 경우도 있다. 이런 경우 분명 개인적으로는 위기라고 할 수 있다. 그런데 만약 자신이 가고 싶었던 부서가 있었는데 용기가 없어서 눈치만 보고 있었다고 하자. 이런 경우는 이 위기가 자신의 생각을 말하고 자신이 희망하는 부서로 갈 수 있는 절호의 기회가 될 수도 있다.

난 입사하고 오랫동안 해외 영업을 하였다. 하지만 직장생활 10년째 되는 해, 영업보다는 인재 개발 업무를 하는 게 훨씬 잘 맞을 것 같다는 생각을 하게 되었다. 정말 하고 싶은 일을 찾은 거다. 하지만 그 생각을 바로 부서장이나 인사팀에게 말하기에는 다소 이른 감이 있다고 생각했다. 그래서 일단 영업에서 하고 싶은 일, 지역전문가, 해외 주재원은 꼭 해 본 다음 인재 개발 업무로 직무를 전환해야겠다고 생각했다. 그리고 기존에 하던 해외 영업을 열심히 하면서 기회가 오기를 기다렸다. 언젠가는 희망하는 부서로 갈 것이라고 마음속으로 다짐을 하면서 말이다. 그러다 인도 주재 생활을 하면서 결심을 하게 된다. '영업도 해 볼만큼 해봤고, 지역전문가, 주재원도 해 봤다. 이제 때가 된 것 같다. 인도 주재를 마치고 본사로 복귀할 때, 인재 개발 업무로 직무 전환을 해야겠다고.' 물론 내 뜻대로 될지는 장담할 수 없는 일이었다. 하지만 일단 부딪혀 보기로 했다. 그로부터 얼마의 시간이 흐르자, 본사 복귀 발령이 났다. 그때 난 결심한 대로 인사팀과 협의를 했고, 마침 운이 따라줘서 내가 원하던 인재 개발 부서로 자리를 옮길 수 있게 되었다.

입사해서 꾸준히 해 오던 해외 영업을 그만두고, 그것도 나이 들어서 미지의 분야인 인재 개발 업무로 직무를 바꾼다는 것은 나 자신에게는 엄청난 모험일 수밖에 없었다. 하지만 오랫동안 생각하고 준비해 온 나의 꿈이었기에 용단을 내릴 수 있었던 것이다. 당시 그 상황은 분명 위기였다. 하지만 지나고 보니까 잘한 선택이었고, 나에게는 또 하나의 꿈을 이룰 수 있게 된 기회였던 셈이다. 만약, 당시 내가 하고 싶은 일이나 부서가 없었다면, 그냥 인사팀에서 정해주는 아무 영업 부서로 가서 영업을 했을 것이다. 이 대목에서 내 머리를 스쳐가는 생각이 하나 있었다. '직장 내에서 자신의 생각이 없으면 남의 생각에 지배된다.'는 것이다.

직장생활은 마라톤과 같은 고단한 긴 여정이다. 그 과정에는 끊임없는 문제와 위기가 있으며, 회사를 떠나야 하는 선택의 순간이 오기도 한다. 만약 예상치 못한 일로 회사를 떠나야 할 때, 당장은 힘들고 큰 시련일지 모르지만, 꿈이 있으면 그 충격을 완화시킬 수 있다. 뿐만 아니라 그 위기가 전화위복이 되어 인생의 터닝 포인트가 되는 기회가 될 수도 있다. 그 위기의 순간이 오랫동안 미루고 있던 꿈을 용기 내어 실행에 옮기는 바로 적기라고 보면 된다. 우리는 미래를 알 수 없다. 하지만 꿈을 갖고 준비하면서 자신에게 닥친 위기를 극복하고 보면 그때가 기회였다는 것을 알게 될 것이다.

지금까지 위기는 변화의 기회이며, 그 위기를 기회로 만들려면 꿈이 있어야 한다는 것에 대해 얘기를 했다. 그런데 여기서 한 가지 더 얘기하고 싶은 것이 있다. 바로 위기의식이다. 사람들은 위기에 처했을 때 어떤 일을 임하는 자세도 달라진다. 좀 더 긴장하고, 정신을 바짝 차리고 일처리를 하며, 평소보다 더 많은 에너지를 쏟고, 훨씬 높은 집중력을 발휘하기도 한다. 그래서 어렵게만 보이던 일도 해내는 경우를 종종 보게 된다. 이러한 힘이 바로 위기의식이다. 위기의식은 변화를 이끌어 내는 강력한 힘이자 발전의 원동력이다.

세계적인 변화 관리 전문가 하버드대학교의 존 코터 교수는 변화와 위기의식에 대해 다음과 같이 얘기했다.

"변화는 사람들이 가장 싫어하는 일 중 하나다. 변화는 커다란 바위 덩어리를 끌고 높은 산 정상까지 올라가는 것만큼 어려운 일이다. 변화를 이끌어내려면 강력한 동인이 필요한데, 그것이 바로 위기감이다."

정말 맞는 말인 것 같다. 예를 들이, 담배를 너무니 사랑히는 에언기가 있다고 하자. 담배를 끊으려고 하는데, 자꾸 작심삼일이 되고 마는 거다. 그런데 하루는 병원에 갔더니 의사선생님께서 이렇게 말하는 거다. "담배를 끊지 않으면 3개월 안에 죽는다."고. 어떻게 됐겠는가? 그는 단번에 담배를 끊을 것이다. 이것이 위기의식의 힘이다.

조직이든 사람이든 환경이 변하면 그에 맞게 스스로 알아서 변해야한다. 그런데 문제는 자발적으로 변하기가 정말 어렵다는 것이다. 기존의 것에 잘 적응하면서 생활하고 있는데, 갑자기 변화하라고 하면일단 짜증부터 난다. 처음부터 다시 배우고, 많은 노력과 시간을 투자해야 하기 때문이다. 사람들은 그런 과정이 귀찮은 것이다. 이런 이유로 사람들은 웬만하면 기존의 것을 그대로 유지하고 싶어 하는 경향이있다.

　이와 같이 사람들은 변화를 싫어하는 특성이 있기 때문에 직장 내에서도 조직원 개개인의 자발적인 변화를 이끌어 내기가 쉽지 않다. 그래서 존 코터 교수는 변화를 이끌어 내기 위해서는 위기의식이라는 강력한 동인이 필요하다고 강조한 것이다.

　삼성의 이건희 회장 또한 삼성의 경영 혁신 운동이었던 신경영을 선언히면서, **"조직이든 개인이든 위기감 속에서 문제의식이 싹트며, 적당한 긴장감은 오히려 건강과 활력을 가져다준다. 위기의식은 발전의 원동력이다."**라고 강조한 바 있다. 그는 세기말적 변혁 속에서삼성이 망할 수도 있다는 위기의식 때문에 잠 못 이루는 밤이 많았고, 등골이 오싹해지기도 했다고 한다. 그래서 변화를 해야 한다고 주장했고, 그 원동력으로 위기의식을 강조한 것이다. 지금의 삼성이 세계적인 글로벌 기업이 될 수 있었던 것은 위기의식을 바탕으로 한 경영혁신을 했기 때문이다.

　위기의식은 학교에서 공부 1등 하는 학생이 열심히 따라오는 2등 하는 학생을 보면서, 1등의 자리를 유지하기 위해 더 열심히 공부하려고 하는 건전한 긴장감이라고도 할 수 있다. 또한, 위기의식은 절박함이자 간절함이며, 헝그리 정신과도 일맥상통한다고 할 수 있다. 이런 위기의식을 평소에 스스로 잘 활용한다면 개인을 변화시키고 발전시키는 성장의 큰 원동력이 될 것임에는 틀림없다.

꿈을 갖고 독하게 준비를 할 때 우리는 비로소 위기를 기회로 만들 수 있다.

06

최고의
동기부여 방법

회사생활을 하다 보면 누구나 슬럼프가 올 때가 있다. 모든 게 귀찮아지고, 의욕도 없고, 기분이 울적해지기도 한다. 감정의 업 앤 다운이 반복되기도 한다. 때로는 지쳐서 힘조차 없는 경우도 있고, 큰 시련으로 절망스러울 때도 있다. 이런 크고 작은 슬럼프는 우리 삶에서 피해갈 수 없는 부분이다. 그냥 우리 삶의 일부로 받아들여야 한다.

중요한 것은 슬럼프가 왔을 때 가능한 한 빨리 슬럼프에서 빠져나와야 한다는 것이다. 그러기 위해서는 슬럼프가 왔을 때 자기 자신을 동기부여 할 수 있는 자신만의 비법 하나쯤은 갖고 있어야 한다.

나는 대학교에서 동기부여 이론을 배운 적이 있다. 동기란 인간행동을 유발하는 내적, 외적인 힘인데, 사람마다 처한 상황이 다르고 원하는 바가 다르기 때문에 사람들을 동기부여 하는 방법이 '딱 이거다'

라고 정해진 것이 없다고 한다. 즉 사람마다 각각 다른 동기부여 방법이 있을 수 있다는 말이다. 동기부여 이론은 여러 가지가 있는데, 그중에서 가장 공감이 가는 이론은 '적절한 목표가 사람들의 동기를 부여한다'는 목표 설정 이론이다. 이유는 나의 경험으로 볼 때 가장 설득력이 있어 보이는 이론이었기 때문이다.

나는 회사생활 하면서 지치고 힘들 때마다 미래의 꿈을 생각하면서 내 스스로를 동기부여 하곤 했다. 회사생활은 정말 고단한 삶이다. 특히 해외 영업을 할 때는 매일 매일이 문제의 연속이었다. 고객사의 대금 결제 지연, 제품의 클레임, 가격 하락에 따른 보상 문제, 생산 지연에 따른 고객의 불만 등 하루도 마음 편안할 날이 없었다.

이뿐인가. 상사는 허구한 날 회의를 소집하여 차질 나는 실적을 어떻게 할 건가에 대해 문책하고, 대책을 내놓으라고 으름장을 놓기 일쑤였다. 영업에서는 실적이 인격이라고, 당시 실적이 부진했던 나는 항상 상사로부터 푸대접을 맞았고, 이로 인해 나의 기분은 늘 완다(완전 다운) 상태였다. 그때 **나 자신에게 유일하게 위안이 된 것은 바로 꿈이었다.**

그렇게 상사로부터 호되게 깨지고 나면 기분이 다운돼서 그냥 앉아서는 도저히 일할 수가 없었다. 그땐 무작정 회사 밖으로 나와서는 회사 주변을 걸었고, 그러면서 생각을 정리하였다. '지금의 시련을 참고 견디면 반드시 좋은 날이 올 것이다. 그리고 꿈을 이루기 위해서는 지금의 힘든 상황을 참고 이겨내야 한다.'며 스스로를 달래고, 미래의 꿈을 생각하면서 말이다. 그렇게 생각하면서 얼마 정도를 걷다 보면, 참 신기하게도 가라앉았던 기분이 다시 업이 되고 힘이 나곤 했다.

여러분도 기분이 다운되면 그냥 책상에 앉아있지만 말고, 잠시 밖으로 나가 걸어보길 바란다. 걸으면서 당면한 문제를 어떻게 해결할지에 대해서 생각도 해 보고, 자신의 꿈에 대해서도 생각을 해 봐라. 그러다 보면 가라앉은 마음이 조금씩 좋아지면서 열정이 솟아날 것이다. 또 좋은 아이디어가 떠오르기도 한다. 하지만 그 시간에 부정적인 생각을 하면 안 된다. 그건 시간 낭비일 뿐이다.

말이 나왔으니 말인데, 부정적인 생각을 하면 끝도 없이 힘들고 우울해진다. 계속해서 부정적인 생각이 꼬리에 꼬리를 물고 일어난다. 그러면 자신만 힘들어질 뿐이다. 그러니 부정적인 생각은 절대 하지 마라. 대신 그 자리를 긍정적인 생각으로 메워라. 같은 상황이라도 긍정적으로 생각하면 힘이 나고 하루를 즐겁게 보낼 수 있다. 처음에는 의식적으로 노력이 필요하다. 자꾸 긍정적인 생각을 하려고 계속 노력해야 한다. 그러다 보면 긍정적으로 생각하는 습관이 자연스럽게 몸에 자리 잡게 될 것이다.

잠시 이야기가 옆으로 샜는데, 계속 이어서 하겠다. 옛날 일기장 내용을 펼쳐보면 대개 힘든 일에 대한 내용으로 시작한다. 그리고 일기의 마지막은 꼭 꿈에 대해 이야기를 하면서 다시 용기를 내고 정진하겠다는 내용으로 끝이 난다. 이렇게 나는 회사생활 하면서 서럽고 억울하고 힘들 때마다, 미래에 대해 불안하고 초조하고 걱정될 때마다, 꿈을 생각하면서 나 자신을 위로하고 힘을 얻곤 했다. 이처럼 꿈은 지금까지 나를 버티게 해준 원동력이자 희망을 준 든든한 지원군이었다. 또한 어디로 가야 할지 모르고 방황할 때마다 가야 할 방향을 알려 주는 최고의 멘토였다.

직장생활은 참 힘든 삶의 현장이며, 그 속에서 즐겁게 일하기 위해서는 자신을 동기부여하고 잠자고 있는 열정을 깨울 수 있는 자신만의 방법이 있어야 한다. 직장생활은 그냥 즐거워지는 게 아니기 때문이다. 예를 들어 독서나, 운동, 취미생활 등을 통해 다운된 기분을 다시 업 시키고, 일에 몰입할 수 있게 하는 자신만의 동기부여 필살기를 준비해야 한다는 거다. 나 역시 여행, 운동, 산책, 묵상, 글쓰기 등 일상생활에서 할 수 있는 여러 가지 방법들을 시도해 봤다. 그래도 가장 힘든 순간 나를 동기부여하고 힘이 되어 준 것은 꿈이었던 것 같다.

또한 **직장생활을 즐겁게 하기 위해서는 먼저 자신이 하고 있는 일이 재미있어야 하고, 그 재미있는 일이 의미가 있어야 한다. 그러기 위해서도 꿈이 있어야 하고, 그 일이 미래의 꿈과 연결될 수 있어야 한다. 다시 말하면, 꿈을 이루어가는 과정 속에서 재미와 의미가 만난다는 것이다.** 인간은 희망을 먹고 산다고 했다. 희망이 있기 때문에 오늘을 버틸 수 있다는 거다. 이처럼 꿈은 힘겨운 오늘을 버티고 열심히 살게 하는 열정을 깨우는 희망이자 자신을 동기부여 하는 최고의 방법이다.

꿈은 지치고 힘들 때 자신을 동기부여하고 가슴 뛰게 하는 아주 묘한 힘이 있다.

07

행복지수를
몇 배 높이는 방법

그놈의 욱하는 성질. 남의 것도 아니고 자신의 감정임에도 불구하고 왜 이렇게 다루기가 어려운 걸까. 순간 올라오는 화만 참으면 만사형통일 텐데 말이다.

회사에는 나를 짜증나게 하는 이유들이 참 많다. 독한 상사, 잔머리를 굴리는 동료, 예의 없고 생각 없이 행동하는 부하 직원, 뒤에서 험담하는 사람 등 이런 이유들로 감정을 다스리지 못하면 결국 자신만 손해다. 하지만 그것을 알면서도 막상 그 상황에 처하면 욱하는 성질이 나오게 된다. 회사생활 한두 해 하는 것도 아니고, 직장생활을 오래 했으면 면역이 생길 법도 한데 말이다.

직장에서 상사나 동료와 어떤 문제에 대해 감정적으로 언쟁을 벌이고 나면 후회할 때가 많다. 분명 상대방이 잘못했음에도 불구하고 내 자신의 감정을 통제하지 못했다는 사실이 스스로를 불편하게 만들고 상대에 대한 미안한 마음이 들기 때문이다. 다시 한 번 강조하지만, 회사에서는 가급적 감정을 자제하는 것이 좋다. 회사에서는 격한 감정을 보이는 사람을 절대 좋게 보지 않는다. 화를 내면 자신에 대한 부정적인 이미지만 쌓일 뿐이다.

회사생활을 하다 보면 짜증나고 너무 억울해서 분을 삭일 수 없을 때도 있다. 하지만 비록 그렇다고 할지라도 순간 치밀어 오르는 감정은 꾹 참아야 한다. 그리고 그 감정을 가능한 빨리 풀어야 한다. 그렇지 못하고 자꾸 그 생각에 집착하게 되면 자신만 힘들어질 뿐이다. 자신에게 상처를 준 사람이 자신의 마음을 알아주는 것도 아니고, 그 일로 자신이 힘들어하고 있다는 것조차 그는 모른다. 그러니 스스로를 절대 혹사시키지 마라.

그리고 그 생각으로부터 빨리 빠져나와서 문제 해결 중심으로 생각해야 한다. 마음을 가라앉히고 차분히 생각해 보면 일부는 내 잘못도 있을 수 있다. 물론 내 잘못이 없을 수도 있다. 내 잘못이 있는 경우는 다음부터는 같은 실수를 하지 않도록 조심하면 된다. 그렇지 않을 경우는 어떻게 문제를 해결할지를 고민해야 한다. 어떤 문제에 대해 상대에게 할 얘기가 있으면, 상대방을 불러 조용히 용건만 얘기하면 된다. 절대 화를 낼 필요가 없다.

때로는 상대를 용서할 필요도 있다. 용서는 남을 위해 하는 게 아니라 나를 위해 하는 것이다. 용서하지 않으면 내가 죽을 것 같아서, 내가 편하게 살기 위해서, 마음의 평정심을 찾기 위해서 용서하는 것이다.

누차 강조하지만, 순간 욱하는 감정을 못 참고 경솔한 행동을 하는 건 절대 금물이다. 감정적인 대응은 문제 해결에 아무런 도움도 되지 않기 때문이다. 오히려 상황만 더 악화시킬 뿐이며, 백해무익이다. 순간의 경솔한 언행으로 잘 다니는 회사를 떠나야 하는 어처구니없는 일이 발생할 수도 있다. 엎질러진 물은 다시 주워 담을 수 없듯이 순간 욱하는 성질을 참지 못한 탓에 평생 후회할 일을 저지르지 마라.

　가끔은 이런 생각을 해 본다. 자신의 감정만 잘 다스릴 수 있다면 행복지수는 훨씬 높아질 것이라고. 나를 힘들게 하는 것은 남이 아니라 바로 나 자신이다. 설사 시작은 남이 했을지라도 남의 말에 반응하는 건 바로 나 자신이기 때문이다. 다시 말하면, 남의 말에 어떻게 대처하느냐가 중요하다는 것이다. 남의 말과 생각은 내가 통제할 수 없다. 통제할 수 있는 것은 오직 자신의 마음뿐이다. 상대가 어떤 얘기를 해도 그것을 대수롭지 않게 여기고 그냥 긍정적으로 받아들이면 된다. 사실 그렇게 하기가 정말 쉽지 않다는 것을 잘 알지만, 그래도 해야 한다. 그렇지 못하면 자기 스스로가 감정의 주인 노릇을 제대로 못하고 있는 것이다. 자신의 행복지수를 높이려면 반드시 감정의 주인이 되어야 한다. 그래야만 험난한 직장생활에서 오래 갈 수 있다.

세상에서 제일 힘든 일이 자신의 마음을 관리하는 것이다. 우리의 마음은 매우 민감해서 외부 자극에 영향을 받기 쉽다. 그래서 우리 삶의 행복 수준은 자신의 마음을 얼마만큼 다스릴 수 있느냐에 달려있다.

08

꿈을 이루고 나면
깨닫게 되는 것

나는 대학입시를 준비하던 시절 대학만 들어가면 정말 행복할 것 같았다. 그 순간만을 손꼽아 기다리며 공부에 매진했던 게 기억난다. 대학 합격을 확인하는 순간은 정말 기뻤다. 하지만 그 기쁨은 그리 오래 가지 않은 것 같다. 대학교에 들어가서는 바쁜 학과 일정으로 다시 평범한 일상생활로 돌아간 것이다.

그리고 대학교 때는 원하던 직장에만 들어가면 모든 것이 해결될 것처럼 좋을 거라고 생각했다. 물론 회사 합격 통보를 받았을 때도 무척 기뻤다. 그러나 그것도 잠시 뿐 나의 행복수준은 다시 일상적인 수준으로 돌아왔다.

우리는 종종 이런 생각을 한다. **자신이 간절히 바라는 꿈이 이루어지면 그때부터 불행 끝, 행복이 시작될 것이라고 말이다. 하지만 현**

실은 그렇지가 않다. 소위 우리가 말하는 꿈이라는 것을 이룬다고 해도 그 기쁨은 잠시뿐이고, 행복 수준은 평소의 일상적인 생활을 할 때와 같은 수준으로 돌아간다는 거다.

나 역시 지금까지 크고 작은 꿈들을 이루어오면서 깨닫게 된 것은 행복이란 게 별것 아니라는 것이다. 즉 어떤 큰 사건으로 우리의 삶이 행복해지는 게 아니라는 말이다. **하루하루 보내는 일생생활에서 맛보는 기쁨이 진정한 행복이며, 그러한 일상의 행복했던 작은 경험이 쌓여서 행복한 인생이 되는 것이다.**

이런 걸 보면 일상 속의 조그마한 것에서 행복을 찾는 습관이 정말 중요하다는 생각이 든다. 다시 말하면, 일상생활 속에서 어떤 일들에 대한 개인의 태도나 습관이 그 사람의 행복을 결정한다. 예를 들어, 같은 상황에서도 누구는 재미와 의미를 찾고, 누구는 짜증과 불만 속에서 생활한다. 일상 속에서 조그마한 것에도 만족히고, 기쁨을 느끼는 습관을 가진 사람은 그렇지 못한 사람보다 더 행복하게 살 가능성이 높다고 봐야 한다. 일상의 작은 일에서 행복을 찾는 사람은 꿈을 이루면 더 큰 행복감을 느낄 것이다. 그리고 평소에 작은 것에 만족하고 행복감을 느끼는 좋은 습관 때문에 꿈을 이루고 난 다음 다시 일상으로 돌아오더라도 일정 수준의 행복감을 유지하면서 살아갈 것이기 때문이다.

반면, 일상에서 별것 아닌 일에도 짜증을 내고 항상 불평하는 사람은 일상이 늘 불만족스러운 생활이 될 가능성이 높다. 그런 사람은 설사 커다란 꿈을 이룬다고 해도 그 기쁨은 순간뿐일 것이며, 일상의 생활로 돌아오게 되면 다시 짜증스런 삶을 살아간다는 거다. 오늘 짜증이 몸에 배인 사람이 내일 갑자기 행복해질 가능성은 매우 낮기 때문이다.

이처럼 개인의 습관은 행복한 삶에 큰 영향을 미친다. 유명 저널리스트이자 《습관의 힘》 저자인 찰스 두히그(Charles Duhigg)는 습관의 중요성을 다음과 같이 이야기하고 있다.

"우리가 매일 반복하는 선택들이 신중하게 생각하고 내린 결정의 결과로 여겨지겠지만 실제로는 그렇지 않다. 대부분의 선택이 습관이다. 하나하나의 습관이 그 자체로는 상대적으로는 큰 의미가 없지만, 매일 먹는 음식, 밤마다 아이들에게 하는 말, 저축하는지 소비하는지, 얼마나 자주 운동하는지, 생각과 일과를 어떻게 정리하는지 등이 결국에는 건강과 생산성, 경제적 안정과 행복에 엄청난 영향을 미친다."

그의 말처럼 우리가 일상생활 속에서 하는 대부분의 행동들은 어려서부터 자라면서 형성된 습관에 의해서 이루어진 것이다. 말하는 습관, 음식 습관, 잠자는 습관, 공부하는 습관, 일하는 습관, 정리하는 습관, 어떤 상황에 반응하는 습관 등, 우리가 인식하지 못하는 사이에 우리의 삶 속 깊이 들어와 지리 잡고는 어떤 형태로든지 영향을 미치고 있다. 행복한 생활 또한 우리가 만들어 놓은 습관에 의해 결정된다고 해도 과언이 아니다.

문제는 한번 몸에 밴 습관을 바꾸는 것이 정말 어렵다는 것이다. 나 또한 어떤 습관을 바꾸려고 부단히 노력은 해 본다. 의욕을 갖고 노력하면 조금은 개선되지만, 오랫동안 몸에 밴 습관을 완전히 바꾼다는 것이 참 어렵다는 것을 느낄 때가 많다. 그래서 한 살이라도 젊었을 때 좋은 습관을 만드는 게 중요하다.

찰스 두히그는 습관을 변화시키기 위한 대안으로 다음과 같이 제시하고 있다.

"습관은 어떠한 상황에서 어떠한 보상을 기대하고 일어나는 반복적인 행동이다. 습관을 바꾸기 위해서는 습관을 바꾸겠다는 결심이 중요하다."

그렇다. 습관을 변화시키기 위해서는 습관을 바꾸겠다는 결심과 바꿀 수 있다는 믿음을 갖는 게 가장 중요하다. 그리고 나서 자신의 몸에 밴 습관을 자세히 관찰하고, 그 습관을 변화시키기 위한 계획을 수립해야 한다. 그리고 의도적이면서 지속적인 노력을 해야 한다. 그렇게 지속적으로 변화를 시도할 때 개선이 조금씩 이루어질 수 있는 것이다. 핵심은 습관을 바꿀 수 있다는 믿음과 지속적인 반복이 중요하다는 것이다. 결국 습관은 정신적으로든 육체적으로든 끊임없는 반복을 통하여 만들어지기 때문이다.

우리 인생은 문제의 연속이다. 특히 직장생활은 일상생활보다 훨씬 더 힘든 곳이다. 직장인들은 그 힘든 곳에서 하루 중 많은 시간을 보내야만 한다. 그곳에서 행복하지 않으면 삶이 행복할 수 없다. 직장에서의 행복이 곧 직장인의 행복 수준을 결정한다고 봐도 무리가 아니다. 직장을 다니는 한 그곳이 즐겁지 않으면 행복한 삶이 아닌 거다. 직장에서의 행복이 곧 직장인의 행복과 직결된다고 봐야 한다.

그렇다면 직장의 행복을 위해서 어떻게 해야 하는 걸까? 앞서 말한 바와 같이 행복 또한 습관이다. 즉, 한 개인의 긍정적 생각의 습관이 행복한 삶을 결정한다는 말이다. 달리 말하면, 일상에서의 벌어지는 일에 대해 어떻게 생각하느냐에 따라 천당과 지옥을 오고 갈 수 있다는 것이다.

외부의 환경이나 자극은 내가 통제할 수 없다. 내가 통제할 수 있는 건 오직 외부 환경이나 자극에 대한 나의 태도뿐이다. 결국 생각의 습관을 어떻게 만드느냐에 따라 나의 행복 수준이 결정된다. 즐거운 직장생활을 위해서는 하루를 재미있게 살려는 의식적인 노력, 일상에서 행복을 찾으려는 노력을 부단히 해야 한다. 물론 고된 직장에서 처음에는 쉽지 않을 수도 있다. 하지만 그런 생각을 갖고 시작해서 계속 반복하다 보면, 자연히 그러한 의도적인 노력이 습관으로 자리 잡게 될 것이다. 이렇게 일상에서 행복해지려는 노력을 습관으로 만들고 나면 직장에서의 생활이 좀 더 즐거워질 것이다.

행복한 삶은 어떤 큰 사건으로 만들어지지 않는다. 일상의 작은 기쁨이 모여서 행복한 인생을 이룬다.

제**4**부

행복한
직장생활의 조건

:

행복한 직장생활은
꿈을 이루어가는 일상 속에서
하루하루를 재밌고
의미 있게 사는 것이다.

:

01

오늘 당신은
뭘 하고 있는가요?

"오늘 당신은 뭘 하고 있는가요?"

만약 당신이 꿈꾸고 있는 미래를 위해 오늘 뭔가를 하고 있지 않다면 그 미래는 결코 오지 않는다. 다시 말하면, 자신의 꿈을 위해 지금 이 시간에 뭔가를 하고 있어야만 그 꿈이 언젠가는 이루어질 수 있다는 거다. 결국 실행이 중요하다는 말이다.

사상가 윌리엄 블레이크(William Blake)는 "행동하지 않는 사람의 생각은 쓰레기와 같다."고 말했다. 그의 말처럼 실행이 따르지 않는 생각은 시간 낭비일 뿐이며, 실행 없이는 어떠한 일도 이루어질 수 없다. 실행이 없는 꿈은 몽상이요, 꿈을 현실로 만들어 주는 것은 오직 실행뿐이다.

나는 초등학교 입학 전부터 반장이 되고 싶었다. 그래서 시간이 될 때마다 반장선거 공약을 준비하고 연설 연습을 하였다. 그렇게 연습을 한 덕분에 초등학교 1학년 반장선거에서 남들보다 말을 잘할 수 있었고, 운이 좋게도 반장이 되었다. 그때부터 고등학교 때까지 계속 반장을 할 수 있었다. 초등학교에 입학해서는 형, 누나들이 교내 웅변대회에 참가하는 것을 보고 나 역시 4학년이 되면 웅변대표가 되겠다고 결심했다. 그때부터 학교에서 귀가하면 집 마당에서 열심히 웅변 연습을 했다. 결국 나는 4학년 때 웅변대회에 참가하여 학교대표가 될 수 있었다.

한번은 친구 집에 놀러 갔다가 친구 누나가 초등학교 졸업할 때 상장 100장을 받았다는 얘기를 듣고, 나 또한 초등학교 졸업 때까지 상장 100장을 받겠다고 결심했다. 그때부터 상장 100장을 받기 위해서 내가 할 수 있는 것은 모두 시도하였다. 글짓기상을 받으려고 글짓기 연습을 하고, 그림을 배우고 서예를 배웠다. 당시 내가 사는 동네는 시골이었기 때문에 이런 것들을 가르쳐 주는 사설학원이 없었다. 그래서 난 이 모든 것을 선생님으로부터 배웠다. 좌우간 나는 어떤 상이 되었든 간에 100장을 넘겨야겠다는 일념으로 이것저것 할 수 있는 모든 것을 시도하였다. 우등상을 받기 위해 공부도 열심히 했고, 심지어 개근상까지 추가하려고 하루도 빠짐없이 출석했다. 그렇게 해서 결국 난 초등학교 졸업할 때 120여 장의 상장을 받았다. 이후에도 나는 하고 싶은 것이 있으면 그것을 이루기 위해 끊임없이 실행했다.

앞 장에서 얘기한 바와 같이 나는 직장생활 10년 만에 사람들이 자신의 역량을 개발하고 꿈을 이룰 수 있도록 동기부여하고 돕는 인재 개발 전문 강사가 되겠다는 꿈을 찾았다. 그리고 나서 삼성에서 해외 영업, 지역 전문가, 주재원, MBA 졸업, 인재 개발 직무, 사내 강사 등 하고 싶은 일을 다 해 본 후에 책을 쓰고 프로 강사의 삶을 살겠다는 경력 설계를 했다. 그리고 그 꿈들을 이루기 위해 책을 보고 강의를 듣고, 배운 것들을 실생활에 직접 실행하면서 치열하게 직장생활을 하였다.

꿈을 이루기 위해서 회사 업무 외에 가장 먼저 한 것이 유명강사들의 오디오 강의를 듣는 일이었다. 전문 강사가 되려면 강의를 잘해야 하고, 그러기 위해서는 남들은 어떻게 강의를 하는지를 알아야 한다고 생각했기 때문이다. 나는 유명강사들의 오디오 강의 파일을 다운로드 받아서 매일 출퇴근 시간에 들었고, 분야에 국한하지 않고 유명강사의 강의라면 다 들어보았다. 국내외 정치인, 기업가, 교수, 운동선수, 소설가, 연예인, 미술 전문가, 와인 전문가, 영어 강사, 학원 강사 등 1년에 200여 개 이상의 강의를 꾸준히 들었다. 어떤 강의는 수십 번을 들어보기도 했다. 그러다 마음에 드는 강사가 있으면 그 강사의 강의는 모두 찾아서 들어 보기도 했다.

그뿐만 아니라 꿈과 행복에 관련된 책들도 닥치는 대로 읽었다. 책을 읽으면서 감동적이거나 좋은 내용은 밑줄을 긋고 노트에 옮겨 적고는 시간이 날 때마다 반복해서 봤다. 또한 퇴근 시간이나 틈틈이 자투리 시간 때마다 혼자서 중얼거리며 강의 연습도 했다. 혹시 모르는 사람이 보면 아마도 미친 사람이라고 생각할 정도로 혼자서 열심히 연습에 집중하였다.

그렇게 매년 강의를 200여 개 넘게 듣고, 수십 권의 책을 읽고, 매일 강의 연습을 하니까 주변에서 하나 둘씩 강의를 잘한다고 칭찬을 해주기 시작했다. 그러다 보니 재미가 나서 더욱 열심히 강의 연습을 하게 되었다. 그렇게 지난 10년 동안 강의를 듣고 공부하고 열심히 강의 연습을 한 덕분에, 사내에서는 명강사라는 소리를 들을 수 있게 되었다. 또한 주변 사람들로부터 '강의의 신'이라는 닉네임도 얻게 된 것이다.

당시 버킷리스트를 작성할 때만 해도 과연 그 일들이 이루어질 수 있을까 하는 의문도 들었다. 하지만 미래를 준비하면서 기다리다 보면 반드시 기회가 올 것이라는 믿음을 갖고 하루하루를 생활했다. 그렇게 준비하고 실행하는 과정에서 인도 지역 전문가, 주재원의 기회를 잡을 수 있었다. 주재원 2년 차 때는 '이제 영업에서 하고 싶은 일은 다 했으니, 이제 인사개발 업무로 전환할 타이밍이 됐다'고 판단했고, 그 시기를 주재원 생활을 마치고 본사로 복귀할 때로 정하였다. 그때부터 본사에 복귀하면 어떻게 면담하고 어떻게 할 것인지 등을 고민하고 준비했으며, 계획한 대로 본사 복귀 발령이 나자마자 인사팀과 협의를 하여 오랫동안 희망했던 인재 개발 업무로 직무를 전환할 수 있었다. 준비하고 기다리면 운도 따라 준다는 것을 또 한 번 실감하는 순간이었다.

나는 새로운 인재 개발 부서에서 교육 과정을 개발하고 직접 과정 운영도 해 보았으며, 사내 강사로도 활동하였다. 그 과정에서 뜻하지 않게 마음속으로만 생각하고 있었던 신입사원 하계수련대회 준비 운영 총괄도 맡게 되었다. 원래 그 일은 내 담당 업무가 아니었다. 하지만, 직장 상사는 그 일을 잘할 수 있는 적임자로 나를 지명하였다. 이 또한 그 업무를 간절히 하고 싶어 했던 나의 열망과 그동안 쌓은 행사 기획 및 운영에 대한 풍부한 경험이 뒷받침되어서 그 기회를 잡을 수 있지 않았나 생각해 본다.

그리고 나는 인도 주재를 마치고 귀국하자마자 바로 MBA 입학 지원서를 내고 합격을 하였다. 그렇게 2년 동안 바쁜 회사일 틈틈이 열심히 공부하여 우수한 성적으로 목표한 MBA 과정을 무사히 마칠 수 있었다.

나는 당시 버킷리스트에 45세 때 책을 쓰겠다고 했었다. 그리고 실제로 45세 때 산고의 고통을 겪으면서 책을 썼고, 그것이 한 권의 책으로 출간되었다. 2007년 버킷리스트에 적어 놓은 일들이 모두 이루어지는 순간이었다. 정말 기적처럼 말이다. 이 모든 일이 이루어질 수 있게 된 것은 결국 꿈을 찾고, 그 꿈을 생각하면서 꿈과 관련된 일을 꾸준히 실행했기 때문이다.

■ **실행력을 높이는 방법**

자, 그럼 지금부터는 실행력을 어떻게 올리고 유지할 것인가에 대해 이야기해 보겠다. 뭔가를 해야겠다는 생각을 했으면 일단 시작하는 게 중요하다. 시작이 반이라는 말도 있지 않은가. 마틴 루터 킹 목사 또한 시작에 대해 다음과 같이 조언하고 있다.

"믿음을 갖고 첫걸음을 떼보세요. 처음부터 전체를 볼 필요는 없습니다. 우선 첫걸음을 떼보세요."

그렇다. 시작을 거창하게 생각할 필요도 없다. 일단 시작은 작은 것에서부터 하면 된다. 조급해 하지도 마라. 길게 보고 지금 당장 자신이 할 수 있는 것에서부터 시작하면 된다. 그리고 지금이 그 일을 할 수 있는 가장 좋은 때라는 것을 명심하라. '나중에 여유가 되면 해야지….'

만약 이런 생각을 하고 있다면, 당장 쓰레기통에 던져버려라. 시간이 가면 갈수록 그 일을 하는 게 점점 더 어려워진다. 신경 써야 할 일들이 점점 많아지기 때문이다.

나이 들면 힘이 없어지고, 하는 일 또한 많은 제약이 따르게 마련이다. 어떤 일이든 한 살이라도 젊었을 때 하는 게 정답이다. 지금 하지 않으면 얼마의 시간이 흐른 후에 또 후회하게 된다. 그러니 더 이상 미루지 마라. 미루고 후회하는 악순환의 고리를 당장 끊어버려라. 작심삼초라도 좋으니 일단 시작하라.

또 실행력을 높이는 방법 중에 하나가 바로 목표에 집중하는 것이다. 만약 간절히 이루고 싶은 꿈이 있다면 그때부터는 생활을 단순화하고 꿈을 향한 일을 최우선 순위에 두어야 한다. 그리고 그 꿈에 집중해야 한다. 꿈은 인생을 바꾸는 일이다. 인생을 바꾸는 일은 하루아침에 이루어지지 않는다. 시간이 오래 걸리고 당장에는 티도 나지 않는다. 그래서 재미가 나지 않을 수도 있다. 이로 인해 꿈에 집중하지 않으면, 이것저것 일상 속에 급히 해야 하는 일들에만 신경을 쓰게 되고, 그렇게 되면 정작 꿈을 위해서 해야만 하는 일들을 소홀히 할 수 있다. 그러니 꾸준한 실행을 위해서는 가장 중요한 꿈 프로젝트에서 절대 눈을 떼지 말아야 한다.

그리고 실행을 꾸준히 유지하기 위해서 매일 매일 실행한 내용을 기록해 보자. 매일 일지를 쓰다 보면 자신이 변화하고 성장하는 모습을 볼 수 있다. 그 과정에서 자연스럽게 동기부여도 되고 꿈을 향한 일을 지속할 힘도 생긴다. 사람은 자신이 성장하고 있는 변화를 인식할 때 재미를 느끼고 더 열심히 일하기 마련이다.

또한, 목표 달성을 위한 일정 관리를 하는 것도 많은 도움이 된다. 목표 달성 일정을 정하고 일정을 관리하면서 일을 하면 신기하게도 사람들은 일정에 맞추려고 더 열심히 노력하게 되어 있다. 예로, 회사에서 보고 날짜가 정해지면 전날까지도 작성하지 못한 보고서를 밤을 새워서라도 일정에 맞춰 해내는 것처럼 말이다. 일정 관리는 그만큼 중요한 것이다.

실행력을 높이는 또 하나의 방법은 핑계를 대지 않는 것이다. 옛 속담에 '핑계 없는 무덤 없다'는 말이 있듯이 누구나 안 되는 이유는 있다. 너무 바빠서, 또는 몸이 안 좋아서 등 여러 가지 핑계를 댄다. 위대한 업적을 이룬 사람들도 모두 힘들고 남모르는 어려운 이유가 있었다. 하지만 그들은 그 악조건 속에서도 불굴의 의지로 실행하여 결국 목표를 달성하였다. 핑계를 댄다는 것은 그 일을 하고 싶지 않다는 말이다. 바꾸어 말하면 포기한다는 뜻이기도 하다. 그러니 꿈을 향한 도전 앞에서 다시는 핑계를 대지 마라.

일을 하다 보면 일상 속에서 꾸준한 실행을 방해하는 장애물이 있다. 바로 감정의 변화이다. 인간은 감정의 동물이기 때문에 그날의 감정에 따라 많은 영향을 받는다. 직장생활도 감정의 업 앤 다운이 반복된다. 감정이 다운되는 날이면 일이 손에 잘 잡히지 않고, 일의 효율도 떨어진다. 감정의 기복으로 인해 허비하는 시간도 꽤 많다. 이는 어떤 일을 처리하는 데 악영향을 끼치게 되고, 일정 차질 뿐만 아니라 결국 목표 관리가 어려워질 수도 있다. 그래서 꿈을 향해 초지일관 되게 정진할 수 있도록 자신만의 일하는 시스템을 만들어야 한다. 감정 변화에 영향을 덜 받기 위해서 말이다. 꿈을 향한 일은 매일매일 꾸준히 하는 게 중요하기 때문이다.

이 대목에서 습관의 중요성을 다시 한 번 강조하고 싶다. 어떤 일이 습관이 되면 그 일을 매일 매일 하는 게 쉬워지고 주변 환경에 덜 영향을 받기 때문이다. 철학자 아리스토텔레스 또한 "우리 인간의 탁월함은 행동이 아니라 습관이다."라고 습관의 중요성을 강조했다. 어찌 보면 실행도 습관이다. 꿈을 향한 매일 매일의 실행이 습관이 되면 그때부터는 하기 쉬워지고 속도도 탄력을 받는다.

작심삼일 또한 새로운 일이 몸에 익숙하지 않아서 그런 것이다. '천릿길도 한 걸음부터'라는 속담처럼 매일 조금씩 반복하면 익숙해지고 자연스럽게 습관이 길러질 것이다. 그러면 반복의 위대한 힘을 깨닫는 순간이 올 것이다. 반복해서 습관으로 만드는 것이 성공의 핵심이라는 것을 명심해라.

이 세상에는 우리가 모르는 성공의 비밀은 없다. 알면서도 실천을 못할 뿐이다. 머리로 아는 것도 중요하지만 가슴으로 느껴서 실행하는 것이 더 중요하다. 결국 모든 것은 실행이 승패를 결정한다.

배웠다고 아는 것이 아니다. 실행하지 않으면, 그 지식은 알고 있는 것이 아니다.

02

즐거운 직장생활의
기본은?

대학 입시를 한창 준비하고 있던 추운 겨울밤이었다. 갑자기 배가 아파오기 시작했다. 통증은 갈수록 심해지고, 지금껏 느껴본 적이 없는 심한 고통이었다. 난 아픈 배를 움켜잡고 방바닥을 데굴데굴 굴렀다. 도저히 참을 수가 없어서 급히 차를 불러 인근 시내에 있는 종합병원으로 갔다. 병원에 도착해서도 한참을 기다린 후에야 의사 선생님을 대면할 수 있었다. 그때까지 복통을 참느라 죽을 지경이었다. 젊은 의사분이 내 몸을 이리저리 눌러보고 엑스레이 촬영을 해보더니, "맹장염이니 다음날 수술을 해야 한다."고 했다.

다음 날 아침 난 수술실로 옮겨졌고, 수술대에 눕는 순간 갑자기 이유 모를 공포감이 밀려왔다. 난생 처음 느껴보는 두려움이었다. 수술대에 누워 있는 게 그렇게 무서운지 처음 느껴보았다. '이러다 혹시 깨어나지 못하는 것은 아닐까?' 하는 걱정도 살짝 들었다. 그러다가 마취 때문에 의식을 잃었고, 얼마나 지났을까. 눈을 뜨려는데 아침에 잠을 깰 때와는 뭔가 다른 느낌이 들었다. 갑자기 배에서는 심한 통증이 느껴지고, 눈도 잘 떠지지 않는 것이다. 안간힘을 써서 눈을 떠 보니 난 중환자실에 누워 있었다.

사람들은 맹장 수술이 간단한 거라고 하지만, 그 말은 정말 믿을 게 못되는 것 같다. 마취가 풀리고 난 다음 밀려오는 통증은 이루 말할 수 없을 정도로 아팠다. 며칠간은 거동이 불편할 정도로 수술 부위가 아팠다. 약 열흘 정도 병원에 있었던 것 같다. 맹장 수술 후 몸이 조금씩 회복되자 병원 주변을 조금씩 산책했다. 그러던 어느 날, 우연히 병원 창밖을 바라보았다. 창을 통해 보이는 바깥세상이 그렇게 아름다워 보일 수 없었다. 뿐만 아니라, 거리를 건강하게 활보하고 다니는 사람들이 너무나도 부러웠다. 당장에라도 뛰쳐나가서 그들 속에서 지유롭게 거리를 거닐고 싶었다. 그리고 빨리 학교로 돌아가 대학 입시 공부를 해야 한다는 마음이 간절했다. 나는 그때 절실히 깨달았다. 인생의 가장 중요한 시기에 내 자신의 발목을 잡는 것이 무엇인지를. 바로 건강이다.

병원에 가보면 들어보지도 못한 병을 앓고 있는 사람들이 많다. 지금 건강하게 생활하고 있다는 것만으로도 기적이라는 생각이 들 정도이다. 또한 감사할 일이다.

직장인들은 직장생활을 하면서 야근에, 그 속에서 받는 스트레스, 연일 이어지는 술자리 등으로 건강을 해치기 쉽다. 예전에는 술자리도 많았다. 난 영업을 했기 때문에 내부 직원끼리 하는 술자리뿐만 아니라 외부 고객을 상대로 하는 술자리도 많았다. '월화수목금금금'처럼 매일 이어지는 술자리로 인해 몸이 쉴 틈이 없을 정도였다.

술자리도 1차에서 끝나는 법이 없었다. 보통은 2차, 어떤 날은 새벽까지 이어지는 날도 많았다. 심지어는 다음날 새벽 늦게까지 술을 먹고 잠시 집에 들러서 옷만 갈아입고 출근한 적도 있었다. 전날 술을 많이 마시고 출근하는 날은 심한 두통과 피곤 때문에 오전 업무를 제대로 볼 수가 없었다. 술로 지친 몸을 이끌고 이른 아침에 출근할 때면 '참 힘들다. 이렇게 힘든 생활을 앞으로 얼마나 더 해야 할까?'라는 생각을 한 적도 많았다.

그래도 요즘은 음주 문화가 정말 많이 좋아졌다. 예전처럼 늦게까지 술 마시는 회식 문화도 많이 없어졌고 횟수도 많이 줄어들었다. 정말 좋은 세상이 된 것 같다.

대부분의 직장인은 건강이 중요하다는 것을 잘 안다. 하지만 먹고사는 문제 때문에 건강을 뒷전으로 밀어 놓고 사는 게 현실이다. 그러다 보면 어느 날 건강이 훅 가게 된다. 그때는 후회해도 소용이 없다. 일하고 싶어도 하지 못한다. 그렇다고 당신이 열심히 일하다 건강을 잃었다고 해서 회사가 이해해 줄 거라고 생각하는가? 천만의 말씀, 만만의 콩떡이다. 사실 회사는 당신이 무엇을 했는지 기억할 수도 없고 알려고 하지도 않는다. 오히려 자기관리를 못 했다며 당신을 탓할 수도 있다. 혹시라도 건강상의 문제로 자리를 많이 비우기라도 하면, 직장 상사에게 눈치도 많이 보이고 불편한 게 이만저만이 아니다. 이처럼 자신이 건강하지 않으면 결국 자기만 피해를 볼 뿐이다.

건강하지 않으면 가정의 평화도 유지하기 어렵다. 한번은 일을 하다가 목과 어깨에 근육이 뭉치고 점점 심해져서 목을 돌리는 것조차 힘든 적이 있었다. 엎친 데 덮친 격으로 감기까지 심하게 걸리고 만 것이다. 몸이 아프면 생활의 만족도가 많이 떨어지고 기분도 다운된다. 아무리 정신력이 강한 사람도 몸이 아프면 짜증이 늘게 마련이다. 건강한 육체에 건강한 정신이라는 말처럼 몸과 마음이 서로 연결되어 있기 때문이다.

나 역시 몸이 아프니까 의욕도 떨어지고 만사가 귀찮아지는 것이었다. 퇴근하고 집에 오면 아무 일도 하기 싫고 오직 눕고 싶은 마음뿐이었다. 며칠간 그렇게 집안일을 도와주지 않고 집에 오자마자 잠만 자니까, 드디어 아내의 불만이 쌓여서 폭발하고 말았다. 하루는 아내가 "난 집안일 하고 애 키우느라 힘들어 죽겠는데, 당신은 이렇게 집안일에는 관심도 없고 집에 오면 누워서 잠만 잘 수가 있어. 얄미워 죽겠어!" 라며 잔소리를 쏘아 대는 것이다. 매일 살을 부대끼며 사는 아내조차도 내가 아픈 것을 이해해 주지 않았다. 그런 아내의 행동이 섭섭하게 느껴졌지만, 아내 입장에서 생각해 보면 그럴 수도 있겠구나 하는 생각도 들었다. 순간 '건강을 잃게 되면 가정의 화목도 깨지겠구나.' 하는 생각이 스쳐갔다. 이처럼 병이 오래 가면 가족들이 불편하고 불화가 생길 수밖에 없다. 가정의 평화를 위해서라도 건강해야 한다.

이제 100세를 살아야 하는 시대가 도래했다. 하지만 오래 사는 것보다 건강하게 사는 것이 중요하다. 그만큼 건강 수명이 중요하다는 것

이다. 병들고 아프면 오래 사는 것 또한 큰 고역일 뿐이다. 몸이 건강
해야 삶이 즐겁고 행복한 거다. 맛있는 것, 아름다운 것도 건강해야 즐
길 수 있다. 건강하지 않으면 모두 소용없다.

수명이 길어지면 일도 오랫동안 해야 한다. 먹고 사는 문제 때문에
도 오래 일을 해야 하지만, 재미있게 살기 위해서도 일을 해야 한다.
아무 일도 안 하고 무료하게 하루를 보내면 그 하루가 정말 힘들게 느
껴질 수 있다. 나는 하루만 집에 있어도 답답할 때가 있다. 그럴 때마
다 사람은 일을 해야 한다고 느끼게 된다. 수명이 길어진 시대, 오랫동
안 즐겁게 일을 하기 위해서도 건강해야 한다. 건강관리는 긴 인생을
살아가는 데 꼭 필요한 투자라고 생각하라.

건강관리에 있어서 가장 중요한 것은 자신 스스로 건강의 중요성을
절실히 느끼는 것이다. 그래야만 꾸준히 건강을 챙길 수 있기 때문이
다. 그렇지 않으면 잠시 반짝 하다가 다시 바쁜 일상으로 돌아가게 된
다. 그러다 보면 건강은 우선순위에서 점점 밀리게 되고, 결국 건강을
챙기겠다는 결심은 작심삼일이 되고 마는 것이다.

나는 요즘 아침 눈만 뜨면 제일 걱정되는 게 건강이다. '혹시 어디
아프지나 않을까' 하는 생각이 자꾸 든다. 나이가 들어서인지, 아니면
마음이 약해져서인지 이유는 잘 모르겠지만, 아무튼 시간이 갈수록 건
강의 중요성을 점점 몸으로 느낀다. 우리는 손가락에 조그마한 가시만
박혀도 온 신경이 그곳에 쏠려서 그 가시를 뽑을 때까지 아무 일도 하
지 못한다. 건강도 마찬가지다. 건강을 잃으면 다른 일에 집중하기가
어렵다. 어떤 일을 하든지 건강이 기본적으로 뒷받침되어야 한다.

쇼펜하우어(Schopenhauer, Arthur)는 "행복은 건강이라는 나무에서 피어나는 꽃"이라고 했다. 그렇다. 건강은 행복의 가장 기본이다. 건강해야만 세상의 아름다움을 볼 수 있고 즐길 수도 있다. 건강을 잃으면 행복이 바로 옆에 있어도 그 행복을 느낄 수도 없고 누릴 수도 없다. 건강을 잃고 나면 모든 것이 헛된 일이다. 건강은 건강할 때 챙겨야 한다. 건강만큼은 절대 양보해서는 안 된다. 건강은 즐거운 직장생활의 기본이자 행복한 직장인의 에너지원이다. 또한 행복한 인생을 위한 가장 중요한 프로젝트다.

행복의 동의어는 바로 건강이다.
육체적인 건강과 정신적인 건강이 균형을 이룰 때 행복이 온다. 그래서 우리는 육체적 건강을 위해 매일 운동을 하고, 정신적 건강을 위해 보고, 듣고, 경험하고, 사색하며 우리의 마음을 갈고 닦는 것이다.
지구상의 모든 책들이 우리에게 주고자 하는 것 또한 결국 '건강'을 주기 위함이다.

03

시련을
빨리 극복하려면

인도 지역 전문가 과정을 일주일여 남겨놓은 월요일 아침, 본사로부터 한 통의 전화가 걸려왔다. 직장 상사인 G 부장이었다. 사업부 축소로 다른 부서로 발령 예정이라는 사실을 통보하는 전화였다.

"김 과장, 어쩔 수 없다. 이해해라."

짤막한 말만 남기고 부장은 전화를 끊었다. 예상치 못한 소식에 난할 말을 잃었다. 조직의 명이다 보니 항변도 할 수 없었다. 그냥 받아들이는 것 외에 내가 할 수 있는 것은 아무것도 없었다. 그로부터 일주일 후 난 다른 사업부로 발령이 났다. 이것은 새로운 환경에서 밑바닥부터 다시 배우고 헤쳐 나가야 하는 고단한 여정의 서막이 시작되는 것을 의미했다.

예상하지 못한 변화 또한 직장에서 겪는 또 하나의 시련이다. 이런 일을 당하면, 처음에는 부정적인 생각들이 한동안 자신을 지배하게 된다. '내가 왜 부서를 옮겨야 하나? 뭘 잘못해서 옮겨야 한단 말인가? 죽어라 열심히 했는데 왜 내가 가야 하는가?' 등. 기존 부서에 대한 미련과 떠나야 하는 아쉬움, 원치 않는 변화에 대한 짜증과 분노 등의 생각으로 일이 손에 잡히지 않고 잠도 오지 않는다. 하지만 이런 부정적인 생각들은 아무런 도움이 되지 않는다. 자신만 힘들게 할 뿐이다. 가능한 빨리 훌훌 털고 일어서야 한다. 그러기 위해서는 지금 닥친 상황에 대해 의미를 부여할 수 있어야 한다.

빈 의과대학의 신경정신과 교수이자 '로고테라피(logotherapy)'라는 정신요법을 만든 빅터 프랭클 박사(Viktor Frankl, 1905-1997)는 《죽음의 수용소에서》라는 저서에서 시련에 대해 다음과 같이 얘기했다.

"시련은 운명과 죽음처럼 우리 삶의 빼놓을 수 없는 한 부분이다. 시련과 죽음 없이 인간의 삶은 완성될 수 없다. 사람이 자기 운명과 그에 따르는 시련을 받아들이는 과정, 다시 말해 자기 십자가를 짊어지고 나가는 과정은 그 사람으로 하여금 자기 삶에 보다 깊은 의미를 부여할 수 있는 폭넓은 기회를 제공한다."

우리는 눈앞에 닥친 시련 때문에 절망 속에 빠질 수도 있다. 하지만 우리에게 보다 깊은 삶의 의미를 제공하는 기회가 될 수도 있다. 우리가 지난 경험들을 좀 깊이 있게 생각해 보면 시련에도 많은 의미가 담겨져 있음을 알 수 있다.

먼저 시련은 직장에서 그동안 열심히 달려온 길을 잠시 멈추고 지나온 날들을 돌아보면서 자신을 성찰해 보는 시간이다. 자신의 미래를 그려보는 시간이며, 정신적 근육을 단련하는 시간이기도 하다. 그리고 그 시간은 절대 고독의 시간이며 인내를 배우는 기회이기도 하다. 가족의 소중함, 인간관계의 중요성을 실감하는 시간이자 멋진 인생과 성공을 위한 밑거름이 되는 시간이기도 하다. 또한 변화의 시기이자 꿈을 만들어가는 시간이다.

이렇게 시련에 대해 의미를 찾아보면 정말 좋은 의미를 많이 담고 있다는 것을 알 수 있다.

《새로운 미래가 온다》의 저자 다니엘 핑크(Daniel Pink)는 미래사회가 요구하는 6가지 재능 중 하나가 의미부여 능력이라고 했다. 우리가 생활하는 일상 속에서 의미의 발견은 우리가 행복한 삶을 사는 데 많은 도움이 되기 때문에 자신만의 의미를 부여할 수 있는 능력을 갖춰야 한다고 강조했다.

노벨 경제학상 수상자인 로버트 윌리엄 포겔 또한 "정신적인 불평등은 이제 물리적 불평등만큼이나, 아니 어쩌면 그보다 큰 문제가 되었다."고 주장했다. 이 말은 일상생활하면서 경험하는 일들에 대해 긍정적인 의미를 부여하는 사람과 그렇지 못하는 사람 사이에는 행복감이나 만족도의 차가 많이 난다는 것을 의미한다. 즉, 모든 일에 대해 긍정적으로 생각하는 사람이 그렇지 못한 사람보다 훨씬 행복 수준이 높다는 말이다.

그렇다. 의미부여 능력은 분명 개인의 행복을 결정하는 중요한 요인이다. 직장생활 역시 의미부여 능력에 따라 만족 수준이 많이 영향을 받는다고 할 수 있다.

직장인들은 하루 중 많은 시간을 직장에서 보내고 있다. 이 말은 직장생활의 행복이 곧 인생의 행복과도 직결된다는 말이다. 하지만 직장은 즐거운 일보다는 힘들고 짜증나는 일들이 더 많은 곳이다. 직장에서 크고 작은 시련은 불가피하다. 어찌 피해 갈 수가 없는 부분이다. 그렇기 때문에, 빠른 시간 내에 시련을 극복하고 직장생활에서 행복을 위해서는 크고 작은 시련들에 의미를 부여할 수 있어야 한다.

외부로부터 오는 시련은 어찌할 수가 없다. 허나, 그 시련에 대한 자신의 태도는 자신이 스스로 결정할 수 있다. 즉 그 시련에 어떤 의미를 부여하느냐는 자신이 결정할 수 있으며, 그에 따라 한 개인의 행복이 결정된다고 할 수 있다. 결국, 의미 부여는 자신의 행복을 위한 것이다.

그렇다면 직장생활을 좀 더 즐겁게 하기 위해서 어떻게 의미 부여를 하면 좋을까? 먼저 직장에서 하는 모든 일은 자신을 위한 일이라고 의미를 부여해 본다. 아침 일찍 출근해서 밤늦게까지 일하는 것이 자신의 경력을 만들고, 경쟁력을 기르기 위해서 하는 것이라고 말이다. 이렇게 회사에서 하는 모든 일을 자신을 위한 일이라고 의미를 부여하면, 더 열심히 일하게 되고, 생산성도 높아질 수밖에 없다. 또한 나중에도 후회가 없다. 대신 조직을 위해 자신을 희생한다는 생각은 절대하지 마라. 나중에 조직으로부터 팽을 당할 때 후회하게 된다.

또한 직장의 모든 경험은 자신을 성장시키는 배움의 과정으로 생각해라. 녹록지 않은 직장생활에서 이렇게 자신만이 긍정적인 의미를 부여할 수만 있다면 그것도 큰 경쟁력이다.

그리고 힘든 직장생활 속에서 의미부여를 좀 더 잘하기 위해서는 꿈이 있어야 한다. 빅터 프랭클 박사 또한 "인간이 가장 어려운 순간에 있을 때, 그를 구원해 주는 것이 바로 미래에 대한 기대이다."라고 주장하면서 꿈의 중요성을 강조했다. 즉, 자신만의 꿈이 있으면 큰 시련이 왔을 때도 의미부여를 할 수 있다는 말이다. 자신의 꿈이 있으면 시련이 와도 그 시련 또한 꿈을 이루기 위한 과정이자 반드시 극복해야만 하는 것이라고 의미를 부여할 수 있다. 그렇게 함으로써 시련을 좀 더 빨리 이겨낼 수도 있다.

이와 같이 우리 삶에 있어서 의미부여는 행복한 삶을 위해 중요한 부분을 차지하며, 우리에게 몰아닥친 시련을 빨리 극복하는 방법이다.

끝으로 빅터 프랭클 박사의 말을 인용하면서 이 글을 마무리하고자 한다.

"사람이 시련 속에서 의미를 찾는다면, 그것이 우리에게 행복을 가져다 줄 뿐 아니라 시련을 견딜 수 있는 힘도 준다. 어떤 상황에서도, 심지어 가장 비참한 상황에서도 삶은 어떤 의미를 가지고 있다. 믿음, 즉 삶의 의미를 상실하면 삶을 향한 의지 또한 상실한다."

시련을 빨리 극복하려면 의미를 부여할 수 있어야 한다. 의미부여 능력은 행복한 삶을 위한 개인의 중요한 능력이자 큰 경쟁력이다.

04

인생,
누굴 믿고 가야 하나요?

내 인생의 또 하나의 꿈 프로젝트는 바로 책 쓰기다. 그런데 책을 쓰면서 드는 생각이 있다. 책 쓰기 또한 불확실한 꿈을 향해 가는 길고 험난한 여정이라는 것이다. 그 꿈으로 가는 길에는 생각지 못한 많은 장애물이 도처에 널려 있다.

일단 제목이 정해지면 목차 만들기를 해야 하는데, 그때부터 힘겨워지고, 첫 꼭지글을 쓰기 시작하면 그때부터는 그야말로 체력과 인내의 싸움이 시작된다. 글이 술술 풀려서 잘 써지는 날이 있는가 하면, 어떤 날은 첫 문장으로 몇 시간을 씨름해야 하는 날도 있다. 때로는 정해진 분량을 채울 수 없어서 머리를 쥐어 잡고 몸부림을 치기도 한다. 그런 날이면 답답한 마음에 안절부절 못하고 고민에 고민을 거듭한다. 그렇게 해서 어렵게 한 꼭지글을 마치고 나면, 온몸에 기운이 다 빠져서 움

직일 힘조차 없을 정도로 파김치가 되어 버린다. 책을 쓰다 보면 중도에 털썩 주저앉고 싶은 마음이 들 때가 한두 번이 아니다.

낮에는 회사일 하고, 밤 자투리 시간과 주말 시간을 이용하다 보니 집중력과 연속성도 떨어진다. 그렇다고 글에만 온전히 집중할 수 있도록 주변 환경이 뒷받침해 주는 것도 아니다. 회사에는 짜증나는 일도 많고, 집에서는 아내의 심한 잔소리 등 집중력을 분산시키는 일들이 널리고 널려 있다. 정말 산 넘어 산이다.

'내가 무슨 부귀영화를 누리겠다고 이렇게 사서 고생을 하는 걸까?' 하는 생각이 들 때도 있다. 그냥 중도에 포기하고 싶은 마음이 간절할 때도 있다. 가끔은 멍하니 먼발치를 바라보면서, '과연 지금 쓰고 있는 글이 책이 될 만한 거리가 되는가?' 라고 의문조차 들 때도 있다.

순간, '아, 책 쓰기 또한 자신과의 싸움이구나!' 하는 생각이 스쳐간다. 책 쓰기는 자신에 대한 믿음 없이는 절대 할 수 없는 지난한 일이다. 책 쓰기조차 이렇게 힘들진대, 하물며 큰 꿈을 이루는 일은 오죽하겠는가?

월트 디즈니(Walt Disney, 1901-1966)는 꿈을 실현시키는 비결 중 가장 중요한 것은 자신감이라고 했다. 자신감은 자신을 믿는 것이다. 자신을 존중하고 자기 자신이 목표한 바를 성공적으로 수행할 수 있다는 믿음이다. **그렇다. 꿈을 이루기 위해서는 자신에 대한 믿음이 있어야 한다. 또한 그 믿음은 근거 없는 자신감이 되어서는 안 된다. 현실 인식을 바탕으로 한 믿음이어야 한다.**

꿈도 마찬가지다. 냉정한 현실 인식을 바탕으로 한 각자의 재능

과 능력에 맞는 꿈이어야 한다. 그것도 구체적인 꿈이어야 한다. 실현 가능성이 희박한 공상 같은 꿈이어서도 안 된다. 현실성을 항상 염두에 둔 꿈이어야만 실현 가능성이 높아지는 것이다. 그래야만 열정이 나올 수 있다.

나는 중요한 일이나 힘든 일이 있으면 여러 사람들의 의견을 들어본다. 중요한 결정을 하기 전에 미처 생각해보지 못한 점이 있는가를 들어보고 종합적으로 판단해서 결정하기 위함이다. 그럴 때마다 느끼는 것은 남들은 생각만큼 나의 일에 대해 잘 모르고 관심이 없다는 것이다. 그들 또한 자신의 발등에 떨어진 불을 끄느라 남 걱정할 여유가 없다. 그냥 내가 생각한 것에 대한 동의를 얻는 것만으로도 만족해야 한다. 늘 그렇듯이 그런 자리가 끝나면 항상 원점이다.

여기서 얻는 교훈이 하나 있다. 세상에는 나보다 내 자신을 잘 아는 사람도 없고, 나만큼 나 자신에 대해 고민하는 사람도 없다는 것이다. 남들은 내가 처한 상황을 알지도 못하고, 알고 싶어 하지도 않는다. 나에게 닥친 문제는 오직 나만이 해결해야 할 숙제인 것이다. 그렇기에 내가 고민하고, 결정하고, 책임져야 한다. 그 순간은 온전히 나 자신과의 싸움이다. 오롯이 나를 믿고 가야 하는 참 고독한 길이다. 무쏘의 뿔처럼 혼자서 말이다. 그것이 바로 내 삶의 주인이 되어 사는 것이다.

자신에 대한 믿음은 그냥 생기는 게 아니다. 자신의 생각을 항상 정리하면서 계속해서 발전시켜 나갈 때 비로소 가능한 것이다. 그래야만 자신의 생각뿐만 아니라 남의 의견이 옳은지 그렇지 않은지를 판단할 수 있다. 아는 것만큼 보인다는 말처럼 자신에 대한 믿음과 어떤 사물에 대한 혜안이 생기려면 공부와 경험이 축적되어야 한다. 즉, 지속적인 공부와 고민, 그리고 오랜 세월 자신의 성공과 실패의 경험이 차곡차곡 쌓여서 자신감이 생기는 것이다.

그렇다. 인생은 축적이다. 한 살이라도 젊었을 때 하나라도 더 많은 시도를 해야 한다. 그것이 자신감을 만드는 초석이 되는 일이다. 그래야만 자신만의 관점을 가질 수 있고, 남의 의견에도 흔들리지 않는다. 내 생각이 없으면 남의 생각에만 자꾸 의존하게 되고, 그러다 보면 결국 남의 생각에 지배당하게 되어 있다.

예로 회의시간에 협의를 해서 선택해야 하는 일이 있다고 하자. 여기서 남이 나보다 더 많은 고민을 했다면 결국 그 사람의 의견을 따르게 되어 있다. 심지어 간단한 점심 메뉴를 정하는 것도 그렇다. 내 의견이 없으면 남이 제시하는 메뉴로 정해진다. 회사에서 부서를 정하거나 옮길 때도 마찬가지다. 내가 희망하는 부서가 있으면 내 생각을 적극 어필해서 그 부서로 갈 수 있지만, 내 생각이 없는 경우는 인사팀에서 그냥 정해주는 부서로 가는 수밖에 없다. 이게 세상의 이치다.

결국 세상의 모든 일의 승패는 자신과의 싸움에서 판가름 나게 되어 있다. 그 누구와의 싸움도 아니다. 내 앞길을 마지막 순간에 가로막고 방해하는 자는 바로 자기 자신이라는 것을 명심하라. 목적지에 도달하지 못하는 것은 남 때문이 아니라, 자기 스스로 포기했기 때문이다. 자기 스스로를 믿지 못했기 때문이다.

꿈으로 가는 길은 고독하고 그 여정에는 반드시 역경과 시련이 있게 마련이다. 망망대해를 나침반 하나에 의지하며 가는 것에도 비유할 수 있다. 순풍을 타고 쉽게 순항하는 날도 있지만, 심한 비바람이나 태풍을 만나는 날도 있다. 좌절하고 포기하고 싶은 유혹이 들 때도 있고, 때로는 큰 시련 앞에서 절망하여 목 놓아 펑펑 울고 싶을 때도 있다. '과연 꿈은 이루어질까?'에 대한 의문이 무수히 반복될 때도 있다. 너무 힘들어서 그냥 그 자리에 주저 앉아서 포기하고 싶은 마음이 간절할 때도 있다. 바로 그 순간 나를 버티게 하는 힘은 바로 나 자신에 대한 믿음뿐이다. 끝도 모르는 막막한 상황에서 끝까지 인내하고 가려면 결국 자신에 대한 믿음이 있어야 한다. 자신에 대한 믿음은 어둠 속에서 길을 밝혀주는 희망의 등불과 같은 존재이다.

앤서니 라빈스(Anthony Robbins)의 책 《네 안에 잠든 거인을 깨워라》에 보면 '자신을 영웅이라고 생각하고 행동하는 순간 영웅이 된다.'라는 말이 나온다.

그렇다. 내 안에 잠자고 있는 거인이 있다는 것을 스스로 믿고 행동할 때 난 거인이 될 수 있다. 힘든 시련이 올 때마다 이렇게 주문을 한 번 외워 보는 거다. 내 안에 잠자고 있는 거인이 있다고. 반드시 잠자는 거인을 깨우고 말겠다고. 거인이 깨어날 때까지 절대 포기하지 않겠다고. 잠자는 거인을 깨우기 위해서는 나 자신을 굳게 믿어야 한다고.

끊임없이 자존감을 높여라. 세상을 살다 보면 감당하지 못할 만큼 큰 시련이 올 수도 있다. 그 순간 자신을 지탱할 수 있는 마지막 힘은 자존감이다.

05 진짜 공부란

직장인들은 자기계발을 열심히 한다. 하지만 시작은 창대하였으나 끝은 흐지부지되기 일쑤고, 대부분 자기계발의 끝은 작심삼일이 되는 경우가 많다. 이유는 간절한 목표가 없기 때문이다. 간절한 목표를 달리 말하면 꿈이라고 말할 수 있다. 꿈은 자신이 절실히 이루고자 하는 것이며, 공부의 간절한 이유이자 의미가 된다.

사람은 자신이 간절히 원하는 꿈이 있으면, 어떻게든 그것을 이루려고 안간힘을 쓰게 되어 있다. 꿈이 있으면 끝까지 지속하는 힘이 생긴다. 꿈은 사람을 독종으로 만드는 힘이 있다. 꿈이 있는 독종은 꿈을 향한 공부를 독하게 한다. 그리고 목표한 바를 반드시 이루어 내고 만다. 꿈을 이루는 독종은 행복하다. 행복한 직장인은 꿈을 이루는 독종이다.

나는 이렇게 얘기하고 싶다. 꿈을 향한 공부가 진짜 공부이자 자기계발이라고. 공부, 자기계발, 왜 하는가? 자신이 성장하고 더 나은 삶을 살기 위해서이다. **꿈은 자신이 원하는 세상이며, 꿈이 이루어지면 더 나은 삶을 살 수 있고, 또한 성장할 수 있다. 그래서 꿈을 향한 공부가 진짜 공부이자 자신을 성장시키는 확실한 자기계발인 것이다.**

꿈을 향한 진짜 공부는 작심삼일의 공부가 아니라 꾸준히 할 수 있는 공부다. 꿈을 향한 공부는 간절함과 재미가 있다. 매일 공부를 하다 보면, 조금씩 꿈과의 거리가 좁혀지는 것을 느낄 수가 있고, 그럴 때마다 힘이 절로 나고, 자신이 성장하고 있다는 생각에 공부에 재미가 절로 난다. 또한 꿈을 향한 진짜 공부는 하루하루의 공부가 의미가 있다. 꿈을 이루어가는 과정이기 때문이다. 그리고 꿈을 이루기 위한 모든 경험들이 공부가 된다.

직장인들의 꿈은 한 분야의 전문가로 입신하는 것이다. 그러기 위해서는 공부해야 한다. 독하게 깊게 파고들어야 한다. 직장인들은 경험은 많지만 풍부한 경험을 지원해 주는 이론적 지식이 부족하다는 거다. 직장인이 전문가로 성장하려면 풍부한 경험뿐만 아니라 학문적인 이론 지식이 있어야 한다. 그래서 공부를 해야 한다. 이론과 경험이 함께 연결될 때 전문가로서의 내공이 생기기 때문이다. 이것이 바로 직장인의 경쟁력이자 직장인들이 직장에서 오래 버틸 수 있는 힘이 되는 것이다.

한 분야의 전문가라면 누구와 만나서 얘기를 하든 자신의 분야에 대해서 몇 시간 정도는 막힘없이 이야기할 수 있어야 한다. 여기서 명심할 게 있다. 내 입을 통해서 나오지 않는 것은 내 것이 아니라는 거다. 즉, 공부한 게 아니라는 말이다. 공부를 했으면 반드시 말이나 글로 표출되어야 한다. 공부한 것이 생각과 결합되어 나의 말과 글로 산출될 때만이 진정으로 나의 것이 되는 것이다. 그래서 가장 좋은 공부 방법은 바로 남을 가르치는 거다. 공부한 내용을 회사 동료나 후배들에게 가르쳐 보면, 그 과정에서 공부한 내용이 보다 명확하게 정리되고 이해 된다는 것을 알게 될 것이다.

또한 공부한 것을 얘기하고, 가르치는 것이 재미있고, 열정 넘치는 행복한 시간이어야 한다. 공부가 곧 휴식이자 놀이인 셈이다. 그렇지 않다면 아직 진정한 전문가가 되지 못한 것이다.

그리고 전문가로서 인정을 받고 입신하기 위해서는 자신의 분야에 대한 책을 써야 한다. 전문가로 입신하기 위한 방법 중 하나가 바로 책 쓰기다. 책 쓰기를 통해서 공부를 하는 거다. 책을 쓴다는 것은 지식의 소비자에서 생산자로서 전환하는 것을 의미한다. 전문가로서 입신을 하기 위해서는 반드시 지식의 생산자가 되어야 한다.

전문가로 성장하기 위해서는 한 분야의 깊이 있는 공부뿐만 아니라 동시에 주변 분야에 대해서도 공부를 해야 한다. 요즘은 창조, 창의의 시대다. 새로운 것은 각기 다른 분야의 지식이 융합될 때 나오는 것이다. 즉 자신의 전문 분야에 대한 깊이 있는 지식을 알고, 그 외의 분야에 대한 상식이 축적되어 있어야 하다. 즉, 그 이종간의 지식들을 연결하는 과정에서 새로운 것을 만들어 낼 수 있다는 것이다.

그리고 매년 새로운 분야를 정해서 공부하라. 현대 경영의 아버지 피터 드러커는 3년마다 새로운 공부를 했다. 그래서 세계적인 경영 구루가 될 수 있었다. 당장 한 분야의 책 10권만 읽어봐라. 그러면 주변 사람들로부터 전문가라는 얘기를 들을 수 있을 것이다.

혹시 지금 회사에서 자신이 처한 상황이 어렵다면 더 열심히 공부를 해야 한다는 징조다. 그것도 꿈을 향한 진짜 공부 말이다. 경영 악화, 구조조정 등 회사가 한 치 앞을 내다볼 수 없는 불안정한 상황에서 자신을 지켜 줄 수 있는 건 진짜 공부를 통한 자신감과 실력을 쌓는 길밖에 없다. 꿈을 향한 진짜 공부만이 나 자신을 지킬 수 있는 유일한 답이다. 아무리 생각해 봐도 이 방법 외에는 뾰족한 묘수가 없다.

또한 지금의 공부가 10년 후 자신의 인생을 바꾼다는 것을 명심하라. 인생은 짧다. 지금 당장 시작하지 않으면 나중에 후회할지도 모른다. 당신의 미래는 지금의 진짜 공부에 달려있다고 생각하라. 그리고 지금부터 꿈을 향한 진짜 공부를 독하게 하라.

앞으로 수명은 점점 길어지고, 이제는 몇 개의 직업을 가져야 하는 인생 2모작, 3모작의 시대가 되었다. 그런데 문제는 지식의 수명은 점점 단축되고 있다는 것이다. 지식노동자들에겐 점점 힘든 세상이 되고 있다는 말이다. 그래서 평생현역으로 살려면 공부를 해야 한다. 그것도 치열하게 말이다. '삶을 배우려면 일생이 걸린다'라는 로마의 철학자 세네카의 말처럼 배움은 끝이 없다. 은퇴 이후의 즐거운 노년을 위해서도 꼭 필요한 것이 공부이다. 공부를 통해 맛보는 즐거움은 노년의 심리적인 건강에도 중요할 뿐만 아니라 삶의 활력소가 된다. 그러니 한 살이라도 젊었을 때부터 독하게 공부해야 한다.

다음은 자동차의 왕 헨리 포드의 말이다.

"배우기를 멈춘 사람은 늙은 것이다. 이십 대이건 팔십 대이건 간에 배우기를 계속하는 사람은 젊다. 인생에서 가장 멋진 일은 늘 젊게 살 수 있다는 사실이다."

그렇다. 늘 공부하는 사람은 젊게 사는 사람이다. 공부를 통해서 젊어지는 거다. 그것도 진짜 공부를 하면서 말이다. 그리고 진짜 공부를 한다는 건 꿈이 있다는 말이다. 꿈이 있는 사람은 젊다는 것이고, 열정이 있다는 것이다.

또한 꿈이 있는 사람은 삶의 절실한 의미를 발견한 사람이다. 절실한 의미를 발견하면 꿈을 이룰 때까지 독하게 공부할 수 있다. 꿈을 향한 공부의 길은 힘들어도 그 과정은 행복한 시간이다. 과정이 행복하면 그 인생은 행복한 인생이다. 꿈을 향한 진짜 공부를 통하여 젊고 행복하게 살아가는 것이 곧 행복한 직장인의 삶이다.

우리의 삶 전체가 공부다. 그것도 꿈을 향한 공부야말로 자신을 성장시키는 진짜 공부다.

나는 놈 위에
즐기는 놈 있다

나는 회사에 입사하고 한참 후에야 알게 되었다. 즐기는 사람을 경쟁에서 절대 이길 수 없다는 것을. 정말 해 보고 싶은 일을 해 보고 나서야 비로소 그 비밀을 깨닫게 된 것이다. 앞서 얘기한 바와 같이 난 입사 10년 만에 간절히 하고 싶은 일을 찾았다. 바로 인재 개발 업무였다. 그로부터 7년이 지나서야 그 일을 할 수 있게 되었다. 실제 교육 과정도 운영해 보고, 강의도 하는 등 실제 하고 싶은 일들을 직접 해 보니, 일이 재미있고 회사 가는 게 즐거워졌다. 이처럼 자신이 좋아하는 일을 하게 되면 열정이 샘솟고 누가 시키지 않아도 열심히 하게 된다. 그러면 일의 성과도 잘 나올 수밖에 없다.

그런데 자신의 일에 재미나 보람을 느끼지 못하면 같은 일을 해도 즐겁지가 않다. 그 일이 힘들게만 느껴진다. 괜히 짜증만 나고 일을 대충하게 된다. 일을 하는 게 고역이다. 대충 끝내고 집에 가고 싶은 마음뿐이다. 자연히 일에 대한 몰입도가 떨어질 수밖에 없다. 그러면 실수가 나오기 쉬우며, 상사로부터 질책도 많이 받게 된다. 결국 성과가 절대 잘 나올 수가 없다. 과연 이런 사람이 어떻게 즐기는 사람을 이길 수 있겠는가?

회사에 입사해서 처음부터 좋아하는 일을 하는 게 제일 좋다. 하지만 과연 몇 명이나 그렇게 할 수 있겠는가? 심지어는 자신이 뭘 좋아하는지도 모르고, 그냥 직장생활을 하는 사람들도 많다.

직장에서 자신이 뭘 좋아하고, 어떤 일이 잘 맞는지를 알려면, 일단 열심히 일해야 한다. 처음부터 재미있는 일은 없기 때문이다. 열심히 하다 보면 일이 익숙해지고, 그렇게 숙련도가 점점 붙으면 그때부터 재미를 느끼기 시작한다.

일이라는 게 업무 숙련도나 전문성이 쌓이면 쌓일수록 좋은 아이디어도 많이 나오고, 일을 잘하는 방법도 알게 된다. 자연히 생산성도 높아진다. 그렇게 되면 상사로부터 인정을 받게 되고 일이 점점 재미있어진다. 문제는 이 단계까지 가기 위해서 일정 기간의 시간과 노력이 필요하다는 것이다. 그래서 일단 일을 맡으면 그 일에 최선을 다해서 집중해야 한다. 그 일에 한 번 미쳐보는 거다. 그러면 점점 그 일을 잘하게 되고, 재미를 느끼게 될 것이다. 또한 자신이 그 일을 좋아하는지도 알게 된다. 만약 그렇게 열심히 해 보고 그 일이 아니라는 생각이 들면 지금까지 해 온 그 열정으로 새로운 일을 찾아서 다시 열심히 하면 된다.

일을 할 때는 자신만의 재미있게 일하는 법을 만드는 게 중요하다. 재미는 아주 중요한 요소이기 때문이다. 재미를 느낄 수만 있으면 열심히 일하게 되어 있다. 그러면 업무 성과도 잘 나올 수밖에 없다. 설사 지금 하고 있는 일이 재미없는 일이라고 할지라도, 좌우간 재미있게 일할 수 있는 방법을 필사적으로 찾아야 한다. 그렇지 않고는 회사 생활이 즐거울 수 없다. 또한 경쟁에서 이길 수 없다. 자신을 위해서도 그렇게 해야 한다. 그래야만 나중에 후회도 적게 한다.

알고 보면 재미라는 게 별것 아니다. 사소한 재미야말로 진짜 재미다. 직장에서 찾아보면 사소한 재미가 참 많다. 나는 아침 일찍 출근해서 회사식당에서 아침을 먹고 업무 시작 전 모닝커피를 마시면서 하루할 일을 준비한다. 나에게는 그 시간이 아주 즐겁다.

난 필기도구에도 신경을 많이 쓴다. 연필을 잡았을 때 손에 잡히는 느낌이 좋으면 기분이 좋아지기 때문이다. 모니터도 대형 모니터를 쓴다. 그러면 일하고 싶은 마음이 좀 더 든다. 키보드나 마우스도 마찬가지로 터치하는 느낌이 좋아야 한다. 그래서 느낌이 좋은 것을 골라서 쓴다. 메모지도 그렇다.

만약 일을 하다가 머리가 복잡하고 아이디어가 잘 떠오르지 않는다면 책상 정리부터 해 봐라. 책상을 깨끗이 정리하고 나면 기분이 상쾌해지고 머리가 맑아지는 느낌이 든다. 그리고 어떤 문제가 잘 풀리지 않을 때는 책상에만 앉아 있지 말고 밖으로 나가 산책을 해 보는 거다. 그러면서 생각을 정리하면 기분이 좋아지고 좋은 생각도 더 잘 떠오를 것이다. 이런 모든 것들이 다 일을 재미있게 하기 위해서이다. 회사 일을 재미있게 하기 위한 나만의 의식 같은 것이다.

일을 할 때는 그 일을 재미있게 하겠다는 다짐이나 의도적인 노력도 필요하다. 자신에게 최면 같은 것을 걸어 보는 거다. 그러면 좀 더 재미있게 일을 할 수 있다. 그리고 잘 한 일에 대해서는 스스로 보상을 주거나, 스스로를 격려하고 동기부여를 하면 좋다. 그렇게 해서 그 일에 자꾸 재미를 느낄 수 있게 해야 한다. 그래야만 그 일을 오래 할 수 있고, 더 열심히 할 수 있다. 재미있게 일하는 것도 습관이다. 자꾸 의도적으로 반복하다 보면 습관이 된다.

이왕 일을 할 거라면 자기 주도적으로 하라. 남이 시켜서 하는 일은 분명 한계가 있다. 공부도 자기 주도적으로 하는 공부가 효과가 높다. 일도 마찬가지로 자기 주도적으로 해야 재미가 있고 효율도 높다. 설사 상사가 지시한 일이라도 자신이 주도적으로 한다는 생각으로 하라. 그리고 상사로부터 칭찬과 인정을 받는 모습을 상상하라. 그러면 열정이 더 생길 것이다.

그리고 하는 일에 의미를 부여할 수 있어야 한다. 지금 내가 하는 일이 나에게 어떤 의미인지, 나의 미래와 어떻게 연결되는지 등 의미를 부여할 수 있어야 한다는 말이다. 만약 지금 하는 일이 나의 미래나 꿈과 연결된다면, 더욱더 열심히 하게 되고 재미도 난다. 지금 하고 있는 일에 쉽게 의미부여를 하려면 꿈이 있어야 한다. 그래서 꿈이 중요하다는 것이다. 설사 지금 꿈이 없더라도 낙담하지 마라. 그런 경우는 지금의 일이 어떻게든 나의 미래에 도움이 될 것이라고 의미를 부여해 보는 것도 좋다. 의도적으로 자꾸 그렇게 생각하는 게 중요하다. 그러면 실제로 지금의 노력이 씨앗이 되어 미래의 뜻하지 않은 좋은 결과를 만들 수도 있다.

나는 회사에서 하기 싫은 일도 해봤고 하고 싶은 일도 해봤다. 그래서 자신 있게 말할 수 있다. 좋아하는 일을 하면 일을 하는 게 즐겁다. 밤 늦게까지 일해도 열정이 나고, 좀 더 잘해야겠다는 의지도 생긴다. 보고서 같은 것도 몇 번이고 반복해서 보게 되고, 더 잘하려고 고민도 계속하게 된다. 그 고민 또한 즐기게 된다. 그러면 새로운 아이디어도 잘 나오고, 다음날이 자꾸 기다려진다. 밤새 고민한 것을 상사에게 빨리 보고하고 싶어서이다. 그렇게 한 일은 상사도 잘했다고 인정을 한다.

좋아하는 일을 하면 일은 하나의 재미있는 놀이가 된다. 일을 생각할 때 에너지가 샘솟고 일하는 것이 즐겁다. 일을 즐겁게 하면 자연히 성과도 나오게 마련이다. 그러면 남보다 경쟁에서 앞설 가능성이 높아지고 기회도 더 잡을 수 있다.

직장인들은 하루 대부분을 직장에서 보낸다. 직장의 삶이 곧 인생인 거다. 직장생활이 즐겁지 않으면 인생이 즐겁지 않은 것이다. 단 한 번뿐인 소중한 우리 삶을 재미있게 살아야 한다. 그래도 아쉬움은 남는다. 하물며, 그런 인생을 재미없게 보낸다면 얼마나 억울하고 슬프겠는가?

그것은 우리에게 주어진 사명을 제대로 이행하지 못하는 것이며, 죄악일 수도 있다. **후회가 적은 삶을 살려면 즐기면서 살아야 한다. 직장에서의 삶을 포기해서는 안 된다. 직장을 즐겁게 다니기 위해서는 자신의 재능과 그에 맞는 일을 가능한 빨리 찾아야 한다. 자신이 미칠 수 있는 일을 해야 한다. 그게 행복한 삶을 사는 것이다.** 만약 지금이 그렇지 않다면 어떻게 그렇게 할 수 있는지를 필사적으로 고민해야 한다. 그러다 보면 찾게 되어 있다.

명심하라. 즐기는 사람을 경쟁에서 절대 이길 수 없다는 것을. 또한, 지금 이 시간 누군가는 내가 하기 싫어하는 일을 밤을 새워 가며 정말 재미있게 하고 있다는 것을.

우물쭈물하다가는 일을 놀이처럼 하는 사람들에게 곧 추월당하고 만다.

07 행복주의자

하버드대학교 심리학 교수 탈 벤 샤하르(Tal Ben Shahar)가 쓴《해피어》라는 책을 보면, 사람들의 유형을 다음과 같이 크게 4가지로 분류하고 있다.

"성취주의자는 자신이 하는 일을 즐기지 못하고 어떤 목적지에 도달하면 비로소 행복해질 거라고 믿는 사람이다. 그리고 안도감을 행복으로 착각한다. 오로지 미래의 행복을 위해 현재를 희생하는 사람이다. 쾌락주의자는 오직 현재의 즐거움을 추구하고 고통을 피한다. 욕구를 충족하는 데 급급하며 미래에 다가올 결과에 대해서는 거의 또는 전혀 고려하지 않는다. 허무주의자는 행복을 단념하고 삶에 아무런 의미가 없다고 믿으며 체념한 사람이다. 행복주의자는 현재를 즐기면서 미래를 준비해 가는 사람이다."

과연 당신은 어떤 유형에 해당하는가? 아마도 대한민국 대부분의 직장인들은 성취주의자의 삶을 살아왔을 가능성이 높다. 나 또한 한때는 그런 생각을 했으니까. 만약 지금까지 성취주의자로 살아 왔다면 그건 현재를 즐기지 못했다는 거다. 또한 행복한 삶을 살지 못했다는 말이기도 하다.

노벨 경제학상 수상자인 대니얼 카너먼(Daniel Kahneman) 교수는 **"하루 삶 속에서 기분 좋은 시간이 길면 길수록 행복한 사람이다."**라고 정의했다. 정말 명쾌하게 행복을 정의한 말이다.

그렇다. 행복한 삶은 하루하루를 즐겁게 사는 거다. 행복은 저축하듯이 모아두었다가 나중에 쓸 수 있는 게 아니다. 오늘의 행복은 오늘 끝난다. 내일의 행복은 내일의 행복인 거다. 오늘은 내 인생에서 단 하나 뿐인 유일한 날이다. 행복한 삶을 위해서는 오늘 행복해야 한다. 이런 오늘 하루의 행복이 모여 행복한 인생이 되는 거다. 그러니 지금부터라도 오늘에서 행복을 찾는 행복주의자가 되어 살아 보자.

행복주의자의 삶이란 일상생활에서 감동하고 감탄하는 삶이다. 알고 보면, 감동, 감탄 별것 아니다. 그냥 일상의 소소한 깨달음에서 오는 감탄과 감동인 거다. 나는 지금까지 살아오면서 다양한 경험과 고민을 통하여 깨달은 원리를 훌륭한 사람들이 쓴 책을 읽다가 우연히 발견했을 때 감탄과 감동을 느꼈다. '저자도 나와 같은 생각을 하고 있구나. 내 생각이 잘못되지 않았구나. 내 생각이 옳았구나.' 하는 생각에 절로 감탄과 감동이 밀려온다. TV나 신문, 잡지를 보다가도 내가 깨달은 삶의 원리를 발견했을 때 감탄과 감동이 나온다.

한번은 책을 읽다가 노무현 대통령도 그렇다는 사실을 알게 되었다. 그 분도 책을 읽다가 자신의 생각과 일치하는 내용을 보면 그렇게 기뻐하셨다고 한다. 이런 걸 보면서, '남들도 나와 같은 감동의 순간이 있구나.' 하는 생각이 든다.

자, 다시 한 번 강조하고 싶다. 우리도 행복주의자가 되어 일상에서 감동, 감탄하는 삶을 살아보는 거다. 한 번뿐인 우리 인생을 위해서 말이다.

행복주의자는 오늘에 최선을 다하는 사람이며, 최대한 재미있고 의미 있게 살려고 하는 사람이다. 비록 직장생활은 고단하지만 찾아보면 그 속에도 나름 즐거움과 보람 있는 순간들이 있다. 그 순간 순간에 의미를 부여하고 즐거움을 찾을 때 우리는 비로소 행복이라는 단어의 의미를 깨닫게 될 것이다.

그러고 보면 행복한 삶이란 게 별것 아니다. 일상의 조그마한 것들에서 기쁨과 의미를 찾는 게 행복이다. 우리가 매일매일 살아가는 생활 속에서 소소하게 느끼는 즐거움이 바로 진정한 행복이다.

《나는 아내와의 결혼을 후회한다》의 저자 김정운 교수는 행복에 대해 다음과 같이 말했다.

"자신이 좋아하는 것을 직접 느낄 수 있어야 한다. 행복이란 구체적으로 정의할 수 있어야 한다."

그렇다. 행복은 일상 속에서 자신이 겪는 구체적인 일들에서 느끼는 기분 좋은 감정이다. 자신이 구체적인 어떤 행위를 통해서 기분이 좋다고 느끼면 그게 바로 행복이다.

우리 일상에서 찾아보면 그런 행복감을 느낄 수 있는 일들이 많다. 난 정말 그렇다. 아침 일찍 일어나 공원을 걸으면서 사색하는 시간, 쉬는 날 오전, 깔끔하고 모던한 분위기 있는 카페에서 독서나 글을 쓰는 시간은 정말 행복감이 막 밀려온다. 달리는 차안에서 음악을 들을 때도 마찬가지다. 특히 감정선을 터치하는 음악을 듣고 있노라면 즐거움을 넘어 감동이 온다. 심지어 너무 감동하여 눈시울이 뜨거워질 때도 있다. 이럴 땐 문득 '나도 나이를 먹었구나.' 하는 생각이 든다.

사실 남자는 나이가 들면 여성호르몬이 많이 나온다고 한다. 점점 여성화된다는 말이다. 마음이 약해지는 것을 의미하기도 한다. 반면 여성들은 반대로 남성호르몬이 많이 나온다. 즉 남자다워진다는 말이다. 그러니 나이 들어 집에서 쫓겨나지 않으려면 미리미리 아내에게 잘해야 한다.

계속해서 일상의 행복한 일들에 대해 얘기하겠다. 주말 가족들과 맛있는 음식을 먹을 때, 쇼핑을 할 때, 여행을 할 때, 친한 동료와 함께 행복한 수다를 떨 때, 가끔 고향을 방문해서 옛 추억에 잠길 때, 머리를 깎을 때, 해외 출장을 위해 공항버스를 타는 순간부터 공항 도착, 출국 수속, 면세점 쇼핑, 비즈니스 라운지에서 쉬는 시간 등 비행기 보딩 전까지의 전 과정이 나에겐 즐거운 시간이다.

처가댁에 가는 길도 즐겁다. 차를 몰고 고속철 역으로 가는 시간, 역에 일찍 도착하여 열차 시간을 기다리면서 차를 마시는 시간, 열차를 타고 이동하면서 독서, 사색하는 시간 등. 처가댁에서도 행복한 시간은 많다. 아침 일찍 일어나 근처 대형서점에 가서 신간을 살펴보는 시간, 새로 나온 문구류가 있는지 둘러보는 시간도 나에겐 참 즐거운 시간이다.

이뿐인가. 회사에서도 찾아보면 행복한 시간이 있다. 출근해서 업무 시작 전 모닝 커피를 마시면서 하루를 준비하는 시간, 교육 과정을 진행하는 시간, 강의를 하는 시간, 후배들에게 멘토링을 하는 시간 등 이처럼 찾아보면 일상 중에 행복한 시간이 너무 많다는 것을 알게 된다.

문제는 우리는 이런 일상의 행복한 순간을 느끼지 못하고 살아가고 있다는 것이다. 즉, 중요한 것은 이 모든 순간들이 행복한 시간이라는 것을 느끼면서 생활해야 한다는 거다. 그렇게 사는 게 행복이요, 그러한 하루하루의 행복이 모여서 행복한 인생이 되는 것이다.

법정 스님께서 쓴 《살아 있는 것은 다 행복하라》라는 책을 보면 우리가 가슴에 새겨둘 만한 좋은 말이 나온다.

"행복이란 무엇인가. 밖에서 오는 행복도 있겠지만 안에서 향기처럼, 꽃향기처럼 피어나는 것이 진정한 행복이다. 그것은 많고 큰 데서 오는 것도 아니고 지극히 사소하고 아주 작은 데서 찾아온다. 조그마한 것에서 잔잔한 기쁨이나 고마움 같은 것을 누릴 때 그것이 행복이다."

법정 스님의 말처럼 일상생활의 지극히 사소하고 아주 작은 데서 찾는 행복이 진정한 행복이다.

직장생활은 자신을 알아가는 과정이다. 지금부터 그 속에서 꿈을 찾고, 꿈을 이루어가려고 노력하면서 재미있게 생활해 보는 거다. 그리고 조그마한 것에 감사하고, 감동하고, 감탄하는 삶을 사는 것이다.

고기도 먹어본 사람이 더 잘 먹는 것처럼, 일상의 작은 것에서 행복을 찾으려고 노력하고 그렇게 자꾸 노력하는 과정에서 행복의 가치를 깨닫는 사람이 더 행복해질 수 있다.

우리 인생은 일상의 평범한 하루하루가 모여서 만들어진다. 오늘 하루를 사랑하는 가족과 함께 즐거운 시간을 보내고, 직장 동료들과 협력하고 열정적으로 일하면서 재미와 의미를 느낀다면, 그게 행복한 삶을 살고 있다는 증거이다. 우리의 일상이 그러한 경험들로 가능한 많이 채워질 때 비로소 우리는 더 행복해질 수 있다. 행복은 바로 오늘 내 자신이 행복해야 하는 것이다. 내 인생에서 단 한 번뿐인 오늘, 그곳에서 행복을 찾으려고 최선을 다하는 행복주의자로 사는 것, 그게 행복하게 잘 사는 것이다.

평범한 일상생활의 작은 것에서 감동하고 감탄하며 감사하는 행복주의자로 살아라. 그것이 진정한 행복한 삶이다.

내 인생을
바꾸는 선택

인생을 살아가면서 중요한 네 가지가 있다. 첫째는 자신의 건강이요, 둘째는 배우자 선택이다. 세 번째는 초대형 블록버스터다. 바로 자식교육이다. 돈이 많이 들고, 시간도 오래 걸린다. 한마디로 자식 교육은 종합예술이다. 마지막 네 번째는 자신이 하는 일에서 성공하는 것이다. 물론 다른 중요한 일들도 있다. 하지만 난 이 네 가지를 인생 4대 프로젝트라고 부른다. 인생 4대 프로젝트 중 하나가 바로 배우자의 선택이다. 배우자는 인생을 바꾸는 선택이다. **배우자 선택은 내 삶뿐만 아니라 자식에게도 큰 영향을 미치기 때문이다.**

난 가끔 자고 있는 딸을 보고 있노라면 눈물이 날 때가 있다. 저토록 사랑스런 딸과 언젠가는 이별을 한다는 생각에. 아내와 내가 세상을 떠난 후에 험한 세상을 혼자 살아야 할 것을 생각하면 걱정이 앞서

기도 한다. 많이 놀아주지 못해 미안한 마음도 든다. 이런 생각을 하다 보면 마음이 왠지 짠해진다. 자고 있는 딸을 보며 이런 생각을 해 본다. 자식을 위해서도 훌륭한 배우자를 만나야 한다. 만약 아이가 뭔가 잘못된다면, 그건 아이 잘못이 아니라 부모의 잘못이 크다고 봐야 한다. 아이는 부모를 닮기 때문이다. 다시 말하면, 자신이 건강한 육체와 생각을 갖고 있고 배우자 또한 그렇다면 세 번째 초대형 블록버스터 자식 교육은 절로 된다는 말이다.

《섬기는 부모가 자녀를 큰사람으로 키운다》의 저자이자, 6남매 모두 하버드대, 예일대에 보낸 것으로 잘 알려진 전혜성 박사는 자녀교육에 있어 부모 역할의 중요성에 대해 다음과 같이 강조하고 있다.

"무엇보다도 부모가 자기계발을 계속하여 자기 삶을 찾고 사회에서 적절하게 봉사하는 모습을 아이들이 직접 보고 배우게 하는 것이 중요하다. 그럼으로써 부모는 아이에게 롤 모델이 될 수 있다."

전적으로 맞는 말이다. 자식을 꿈 있는 아이로 키우고 싶다면 부모가 꿈이 있어야 한다. 부모가 꿈을 가지고 열심히 살아가면 아이들도 보고 배운다. 특히 아이에겐 엄마의 역할이 중요하다.

우리 딸을 보면 잘 알 수 있다. 초등학교 5학년인 딸의 말투가 엄마를 닮아가고 있다. 식사 중에 내가 반찬투정이라도 하면, 딸은 곧장 "그냥 먹어."라고 한다. 아내와 이견으로 말다툼이라도 하면 바로 끼어든다. "아빠는 잠자코 있어. 무조건 엄마 말 잘 들어. 안 그러면 나가." 내가 샤워를 할 때면 "샤워할 때는 신발에 물 튀지 않게 조심해." 라며 엄마보다 잔소리를 더 하는 딸을 보고 깨달았다. 엄마는 아이의 롤 모델이라는 것을. 아마도 엄마는 아이와 함께 하는 시간이 많기 때문인 것 같다.

엄마가 행복해야 아이도 행복하다. 엄마가 어떻게 하면 행복한지를 알아야 아이들에게도 제대로 가르칠 수 있다. 엄마가 행복하지 않으면 절대 행복한 아이로 키울 수 없다. 행복하지 않은 엄마가 고작 할 수 있는 말은 이런 거다. "너 공부 안 할래? 그러다 엄마처럼 살려고 그러냐?" 정말 무서운 말이다. 딸을 보면서 배우자 선택이 정말 중요하다는 것을 다시 한 번 온몸으로 느끼게 된다.

백만장자들도 부자가 되는 데에는 배우자의 역할이 중요하다고 한결같이 강조하고 있다. 토머스 J. 스탠리가 쓴 《백만장자 마인드》라는 책을 보면, 모든 백만장자들이 부자가 될 수 있었던 가장 중요한 요인 중 하나가 배우자라고 했다. 모두가 배우자를 신중히 선택하라고 조언하고 있다. 책에는 이런 말이 나온다.

"잘못된 배우자를 만나면 매일이 영원 같을 것이다. 맞는 배우자를 만나면, 삶은 즐겁고 때로는 부자가 되는 경험도 해 볼 수 있다."

살다 보면 중요한 결정을 해야 하는 귀로에 서기도 하고, 여러 어려운 상황에 직면하기도 한다. 그럴 때마다 아내와 협의해서 동의를 얻어야 한다. 그런데 세상에서 가장 설득하기 어려운 사람이 바로 아내다. 나를 가장 무시하는 사람도 아내고, 결정적인 순간 발목을 잡는 사람도 아내다. 아내의 지원 없이는 절대 큰일을 할 수 없다. 성공하고 행복한 삶을 살고 싶다면 생각이 비슷하고 자신을 이해하고 배려해 주는 배우자를 잘 만나야 한다. 물론 자신 또한 노력해야 한다.

다음은 대학원 교수님께서 수업 시간에 해 주신 이야기다. 삼성의 이건희 회장은 신경영을 선포하는 자리에서 "처자식만 빼고 다 바꾸라."고 말했다. 그 얘기를 듣고 있던 모든 임원들은 고개를 숙인 채 깊은 한숨을 지었다고 한다.

"그놈의 처자식만 없으면 행복할 텐데, 그것만 빼놓고 바꾸라니…."

물론 웃자고 지어낸 유머이다. 그렇지만 그만큼 우리 삶에서 배우자와 자식은 개인의 행복에 지대한 영향을 미친다는 말이다. 그러므로, 배우자 선택은 신중히 잘해야 한다.

좋은 배우자를 만나려면 먼저 자신이 좋은 사람이 되어야 한다. 다시 말하면, 자신이 먼저 좋은 사람이 되어야 좋은 사람을 만날 기회를 잡을 수 있다. 좋은 배우자를 만나고 싶어 하는 마음은 누구나 똑같기 때문이다. 그리고 좋은 배우자를 볼 수 있는 눈이 있어야 한다. 이건 경험하는 수밖에 없다. 경험을 통하여 좋은 사람, 자신에게 맞는 배우자를 볼 수 있는 눈을 익혀야 한다.

부부는 서로를 이해하고 위로하며 인생이라는 긴 여정을 함께 가는 동반자이자 친구다. 인생을 함께 할 배우자를 선택하는 것은 너무도 중요한 일이다. 그 선택을 할 사람은 바로 자신이다. 내 인생을 바꾸는 그 선택을 제대로 하기 위해서는 많이 연애하고 고민하라. 그리고 신중, 또 신중하라.

> 배우자의 선택은 아무리 강조해도 지나치지 않다. 자신의 인생을 바꾸는 선택이자 자식의 삶에도 중대한 영향을 미치기 때문이다.

제**5**부

행복한
직장생활을 위한
마지막 조언

·

·

회사생활 하면서 치열하게 고민하고,
좀 더 밀도 높은 생활을 하라.
가장 비극적인 일은
자신이 얼마나 나이브한 생각으로 살았는지를
회사를 떠난 후에야 비로소 깨닫게 되는 것이다.

·

·

01

직장에서는 절대
건드리지 말아야 할 것이 있다?

"자고로 윗선과 고압선은 건드리지 않는 게 상책이다."

드라마 〈시그널〉 중에 나오는 대사이다. 윗선과 고압선의 공통점은 건드리면 죽는다는 것이다. 난 부하 직원이 직장 상사와 싸워서 이기는 경우를 본 적이 없다. 상사는 어쨌든 회사가 부서장 자리에 앉혀준 사람이다. 아무리 상사가 잘못이 있더라도 부하 직원이 상사와 감정적으로 대립하거나 다투는 것은 일종의 하극상이다. 위계질서가 중요한 조직에서는 그런 부하를 좋게 볼 이유가 없다. 또한, 직장 상사가 부하 직원의 고과권을 가지고 있기 때문에 회사에서는 상사를 절대 이길 수 없는 구조이다. 그리고 직장 내에서 상사를 이길 생각을 해서도 안 된다.

사실 직장생활에서 제일 힘든 일 중 하나가 직장 상사와의 갈등 문제이다. 여러 설문조사를 보더라도 직장인들이 회사를 떠나는 가장 큰 이유 중 하나가 직장 상사와의 갈등 때문이라고 한다. 나는 후배들에게 항상 하는 얘기가 있다.

"직장 상사 때문에 회사나 부서를 절대 옮겨서는 안 된다. 새로운 곳에 가면 더 독한 상사가 너를 기다리고 있다."

어디를 가나 독한 상사가 있게 마련이다. 독한 상사가 있으면 그나마 다행이다. 그보다 더한 또라이 상사도 있다. 독한 상사 때문에 회사를 옮겼는데 그곳에 또라이 상사가 있으면 그때 가서 또 회사를 옮길 것인가? 난 지금까지 그렇게 회사를 옮겨서 성공했다는 사람을 들어보지도 못했다. 내 경험을 보더라도 상사와의 갈등관계에서 오는 힘든 순간은 그리 길지 않다. 그 순간만 참으면 된다. 그런데 그 순간을 참지 못하면 바로 거기가 자신이 버틸 수 있는 힘의 한계가 되어 버린다. 인내도 힘든 상황을 이겨내야만 강해지는 것이다.

많은 사람들이 한결같이 하는 얘기가 있다.

"좌우간 지금의 상사 밑에서 죽을힘을 다해서 버텨야 한다. 그러다 보면 반드시 좋은 세상이 온다."

일반적으로 한 상사와 함께 하는 시간은 대략 3~4년이라고 보면 된다. 아무리 힘든 상사라도 그 시간만 버티면 된다. 허나 그 순간을 참지 못하고 자꾸 부서나 회사를 옮기다 보면, 결국 한곳에 정착하기가 점점 어려워진다. 그러니 힘들다고 절대 도망가지 마라. 자신의 인생을 남의 손에 맡기는 것이다. 자신의 인생은 스스로 만들어 가야 하지 않겠는가?

이번에는 나의 친구 Y의 이야기다. Y가 모시고 있는 상사는 독하기로 유명한 사람이었다. 부하 직원을 한 번 불러서 잔소리하면 보통 1시간은 기본이다. 훈계도 그냥 하는 것이 아니라 사람의 인격을 모독하고 가슴을 후벼 파는 말들을 일삼는 상사였다고 한다. 모두들 후환이 두려워 어느 누구 하나 나서서 뭐라고 하는 사람이 없었다. 하루는 Y가 참다못해 상사에게 그만하시라고 직접적으로 말했다. 그때부터 Y의 시련은 시작되었다. 상사는 공개적인 자리에서 Y를 망신을 주었고, Y의 말을 무시하기 일쑤였다고 한다. 하루하루가 정말 참기 힘든 생활이었다. 결국 Y는 상사의 심한 고문을 견디지 못하고 부서를 옮기고 말았다. Y는 그때 깨달았다고 한다. 절대 상사에게 직접적으로 감정을 세워서는 안 된다는 것을. 결국 자신에게 돌아오는 건 직장 상사의 무서운 보복뿐이었다.

회사생활을 하다 보면 억울할 때도 많다. 직장 상사가 보고서에 있는 사소한 실수를 가지고 크게 혼을 내거나 무시하는 말을 할 때도 있고, 때로는 말도 안 되는 것을 가지고 트집을 잡을 수도 있다. 그렇다고 그 상황에서 감정적으로 대응하면 절대 안 된다. 부서장에게 감정적으로 대들었다가는 친구 Y처럼 조직 생활이 어려워질 수도 있다. 속된 말로 죽음을 의미한다. 회사에서 가장 무서운 죄가 괘씸죄라는 말도 있지 않은가?

그렇다면 이럴 땐 어떻게 대처하는 것이 현명할까? 회사에서 직장 상사를 대하는 행동 요령은 간단하다. 순간 욱하는 감정이 들더라도 일단 그 자리에서는 참는다. 상사도 감정이 격해진 상태일 수 있기 때문에 내가 무슨 말을 하든 들으려고 하지 않을 가능성이 높다. 말해봤자 오히려 상황만 더 악화시킬 뿐이다. '삶이 그대를 속일지라도 슬퍼하거나 노하지 말라.'는 푸시킨의 시처럼 아무리 억울하고 화가 나더라도 그 순간을 참고 인내해야 한다. 그리고 그냥 상사의 일장 훈계를 듣는 게 상책이다. 여기에는 별다른 방법이 없다. 그리고 나서 흥분한 마음을 가라앉히고 냉정히 생각해 보는 거다. 지나고 보면 별거 아닐 수도 있다.

차분히 생각해 보고 그래도 정 억울하면 우선 본인의 생각을 정리하라. 그리고 적당한 때를 봐서 부서장과 조용히 면담해라. 또는 메일로 자신의 의사를 정중히 전달하면 된다. 아니면 저녁 식사자리를 별도로 만든 다음, 분위기를 봐 가면서 얘기를 하는 거다. 여기서 주의할 점은 상사의 기분이 좋을 때 정중하고 진정성 있게 얘기해야 한다는 것이다. 만약 상사가 생각이 있는 사람이라면, 상사 자신도 기분이 좀 풀리고 나면 부하 직원의 말을 경청할 것이다. 때로는 체면 때문에 표면적으로는 자신의 잘못을 인정하지 않을 수도 있다. 하지만 상사도 마음속으로는 미안한 마음을 가질 것이다. 그런데 이렇게 했는데도 도무지 안 되겠다 싶으면 깨끗이 잊어버려라. '저 인간은 원래 그렇구나.' 라고 생각해 버리면 된다. 해결할 수 없는 일을 가지고 자꾸 붙들고 있어 봤자 자기 속만 탈 뿐이다.

이 대목에서 꼭 해 주고 싶은 얘기가 있다. 자신이 혼자 있을 때는 상사 욕을 하지 마라. 자꾸 상사에 대한 부정적인 생각을 하면 할수록 짜증이 나고 분노가 치밀어 오른다. 결국 자신의 마음만 불편해질 뿐이다. 또한, 혼자만 있을 때 계속해서 상사 욕을 하는 사람은 발전이 없는 사람이다. 자기 자신과의 대면에서는 솔직해야 한다. 대체로 상사가 나를 꾸짖는 이유는 필히 있게 마련이다. 홀로 있는 시간에는 차분히 마음을 가라앉히고, 상사가 자신에게 싫은 소리를 한 이유를 생각하고 어떻게 개선할까를 고민해야 한다.

'노인은 지식의 보물창고'라는 서양 속담이 있다. 이 속담처럼 회사 상사는 그 분야의 경험 많은 사람이자, 내가 보지 못하는 것을 볼 수 있는 직무 경험의 보물창고이다. 예를 들어, 부하 직원이 100미터 상공에서 내려다볼 수 있다면, 직장 상사는 10,000미터 상공에서 내려다보고 있다고 생각하면 된다. 부서장 자리에 갔다면 나름 그 자리에 있는 이유가 다 있는 거다. 즉, 하나의 필살기가 있다.

나는 정말 독한 상사들을 많이 모셨다. 독한 상사 밑에서 마음고생은 많이 했지만 덕분에 일은 많이 배운 것 같다. 독한 상사를 만나면 일을 제대로 배울 기회라고 생각하라.

마지막으로 하고 싶은 말이 있다. 회사 상사는 자신의 최대 내부 고객이라는 것이다. 영업을 해 본 사람은 안다. 고객들을 만나다 보면 정말 다양한 고객들이 많다는 것을. 까다로운 고객에서부터 이상한 고객도 많다. 하지만 고객은 돈을 벌어다 주는 이익의 원천이다. 그렇기 때문에 고객 만족을 위해 부단히 고민하고 좋은 서비스를 제공하려고 노력해야 한다.

상사도 마찬가지다. 상사는 자신의 고과권을 가지고 있는 최대의 내부 고객인 셈이다. 상사가 어떤 사람이든 항상 고객으로서 생각하고 고민하고 대하는 자세가 필요하다. 그러면 상사를 대할 때나, 상사가 뭐라고 한소리를 하더라도, 그 상황에 대해 스스로 의미부여 하기 좀 더 편해질 것이다. 나 역시 상사로부터 깨지는 날이면, 매일 퇴근하고 집 주변을 걸으면서 이런 고민을 끊임없이 하곤 했다.

'상사는 나의 최대 고객이다. 어쨌든 내가 고객인 상사에게 맞춰야 한다. 상사는 왜 날 깼을까? 어떻게 문제를 해결할 수 있을까? 어떻게 최대 고객을 만족하게 할 수 있을까?' 등을 고민했고, 고민한 것을 실행하는 과정에서 상사와 미운 정 고운 정이 들며 점차 관계가 좋아질 수 있었다.

대개 상사는 부하 직원의 입장을 고려하지 않는다. 직장 상사와의 관계에서 문제가 생기면, 그 문제를 해결해야 할 사람은 바로 부하 직원이다. 부하 직원이 상사에게 맞추어야 한다는 거다. 상사는 아쉬울 게 없는 사람이다. 부하 직원이 노력하지 않으면 결국 부하 직원인 자신만 힘들어질 뿐이다. 절이 싫으면 중이 떠나면 된다. 하지만 절에 있는 동안만큼은 주지 스님인 직장 상사를 잘 모셔야 한다. 그것이 직장 생활의 기본이자 자신을 위한 일이다.

직장생활에서 결국 남는 건 고과와 평이다. 그러니 있을 때 잘해라.

02

직장생활을 오래 하기 위해
꼭 만들어야 하는 것

아침부터 K 부장에게 한소리 들었다. 그것도 별일 아닌 걸 가지고 말이다. 순간 짜증이 훅 났다. 일이 손에 잡히지 않았다. 타 부서에 있는 동료에게 전화를 걸어 잠시 차 한잔하자고 했다. 친한 동료를 만나자마자 난 입에 거품을 물고 얘기를 쏟아 놓았다. 물론 그렇게 한다고 문제가 해결되는 건 아니다. 하지만 그렇게 한바탕 얘기를 하고 나면 속이 시원해지기 때문이다. 그리고 나서는 자리로 다시 돌아와 일을 하는 거다.

난 회사에서 짜증나고 힘든 일이 있을 때마다 친한 동료나 선배와 차한잔하면서, 점심 또는 저녁식사를 하면서 풀곤 했다. 그럴 때마다 직장 내에 소통할 수 있는 사람이 있으면 큰 힘이 된다는 생각을 한다.

직장생활을 하다 보면 정말 짜증나는 일들이 도처에 깔려 있다.

독한 상사로부터 허구한 날 잔소리를 듣고 깨지기도 한다. 부하 직원 때문에 골머리를 썩을 때도 있고, 잔머리를 잘 굴리는 동료 때문에 화가 날 때도 있다. 이런 일들은 사람 간에 일어난 문제들이기 때문에 혼자서 해결할 수도 없는 일이다. 그냥 혼자서 분을 삭이면서 마음을 다스리기에도 분명 한계가 있다.

이런 경우는 우선 흥분된 마음을 가라앉히는 것이 중요하다. 좋은 방법 중 하나가 마음이 통하는 직장 내 사람들과 얘기를 하면서 푸는 것이다. 잠시 불러내어 차 한잔 또는 식사를 하면서 말이다.

그런데 참 희한한 게 있다. 그렇게 사람들과 얘기를 하고 나면 속이 시원해진다. 얘기를 하면서 상대방도 나와 비슷한 사연이 있다는 것을 알게 되면, '나만 겪는 문제가 아니구나.' 하는 생각이 들고 한편으로는 큰 위로가 된다. 이렇게 서로 얘기를 나누면서 스트레스를 푸는 것이다.

직장에서 소통할 수 있는 사람이 있으면 큰 위로와 힘이 된다. 그렇지 않으면 힘든 직장생활을 버텨내기가 쉽지 않다. 자신의 억울한 상황을 들어줄 사람이 한 명도 없다고 상상해 봐라. 정말 미치고 펄쩍 뛸 노릇이다.

이처럼 직장 내 소통할 수 있는 사람은 반드시 힘들 때만 필요한 게 아니다. 회사 내 돌아가는 소식을 파악하는 데도 많은 도움이 된다. 회사에는 정말 다양한 일들이 벌어진다. 매년 임원 인사철 때가 오면 누가 임원이 되고, 누가 집에 간다더라 등 '카더라 통신'이 난무한다. 만약 회사 내 구조조정이 한창이라면, 구조조정 대상자 조건은 어떤 것들인지 등 친한 사람들끼리 삼삼오오 모여서 얘기를 나누면서 회사

돌아가는 정보를 공유한다. 예를 들어, 구조조정에 대한 이야기라면 상황을 분석하고, 향후 대책에 대해 논의도 하고, 자신의 생각이 옳은 지 점검해 보기도 한다. 자신은 그 대상이 아닐 것을 내심 기대하면서 말이다. 이런 얘기들의 결론은 정해져 있다. 끝까지 버텨보는 것으로 의견 일치를 본다. 그 자리는 불안한 상황에 대해 서로 의견을 공유하는 자리인 것이다. 그 자리가 끝나면 자신의 업무로 다시 돌아와서는 바쁜 일상을 보낸다. 이처럼 소통하는 사람들과 함께 하는 자리는 회사의 주요 이슈나 소식들을 주고받는 정보 교류의 장인 셈이다.

직장 내 소통할 수 있는 사람이란 마음을 터놓고 얘기할 수 있는 사람이다. 자신과 생각이 비슷한 사람이며, 힘들 때 고민을 털어놓을 수 있는 사람이다. 쉽게 말하면 자기와 코드가 맞는 사람이다. 대체로 입사 동기가 될 수 있으며, 때로는 마음 맞는 친한 선배나 후배가 될 수도 있다. 이렇게 마음을 터놓고 얘기할 수 있는 동기나 선후배가 있으면 직장생활 하는 데 큰 힘이 된다. 뿐만 아니라 직장생활의 만족도도 높아진다.

누구나 마음 맞는 좋은 파트너를 만들고 싶어 한다. 그런데 좋은 파트너를 만들려면 자신이 먼저 좋은 사람이 되어야 한다. 일방적인 관계는 오래갈 수가 없기 때문이다. 모든 것은 주고받는 관계이다. 어느 한쪽에서 일방적으로 주는 관계는 부모자식 관계가 아니면 절대 성립할 수가 없다. 좋은 상사나 동료, 후배를 좋은 관계로 유지하고 싶으면 먼저 자신이 남들이 필요로 하는 뭔가를 가지고 있는 사람이 되어야 한다는 거다.

고수는 고수를 알아본다는 말이 있다. 고수를 소통할 수 있는 사람으로 만들고 싶으면 자신이 먼저 고수가 되어야 한다. 어떤 분야든 자신이 아는 것만큼 보이기 때문이다. 만약 자신이 고수가 아니면 바로 옆에 고수가 있어도 알아볼 수가 없는 법이다.

백지장도 맞들면 낫다는 말처럼 직장에서 힘든 사연을 털어놓고 서로 얘기하면서 공감할 수 있는 사람이 있으면 큰 힘이 된다. 물론 모든 문제 해결과 결정은 스스로 하는 것이다. 그렇지만 그 결정의 과정에서 자신을 진심으로 이해해 주는 사람들과 이야기를 나누면서 위로받고, 용기를 얻고 다양한 의견을 들어보는 것만으로도 많은 도움이 될 수 있다.

직장에서 소통할 수 있는 사람이 없으면 정말 외롭다. 군중 속의 고독은 경험해 보지 않으면 그 고통을 잘 모른다. 소통할 수 있는 사람은 행복한 직장생활을 위해서는 꼭 있어야 할 필수품과도 같다. 그래야만 직장생활을 오래 할 수 있다.

▬▬▬
직장에서의 진정한 친구란 힘들 때 서로 위로하고 격려하며 소통할 수 있는 사람이다.

03

유머 있는
사람이 된다는 것의 의미

나는 대학교 때 유머 있는 사람이 참 부러웠다. 어떻게 하면 유머를 잘할 수 있을까 고민했다. 유머에 대한 책도 많이 읽고, 개그 프로그램도 열심히 봤다. 최불암 시리즈, 사오정 시리즈, X발놈 시리즈 등 당시 유행하는 유머 시리즈도 열심히 외웠다. 그러나 없던 유머가 단번에 생기지는 않았다. 내 유머를 들은 사람들의 반응은 늘 싸늘했다. '난 유머와는 거리가 먼 사람이구나.' 하고 좌절감에 빠지기도 했다. 하지만 포기하지 않고 계속해서 유머 감각을 익혀 나갔다. 그렇게 얼마 동안 꾸준히 노력하니까 조금씩 나아지기 시작했다. 시간이 한참 지나고, 유머가 어느 정도 자연스러워질 때쯤 난 알게 되었다. 유머 있는 사람이 된다는 건 많은 의미를 내포하고 있다는 것을….

유머 있는 사람은 우선 창의적인 사람이다. 창의적이지 않으면 절대 유머를 잘할 수 없다. 유머는 일상적인 것을 벗어나는 것이다. 유머라고 하는 말들을 봐라. 일상적인 말을 재창조한 것 아닌가? 새로운 말의 시도이자 행동의 연출이다. 평소 우리에게 익숙한 말들을 낯설게 말하는 것이며, 어울리지 않을 것 같은 말을 새롭게 연결한 것들이다.

유머를 잘하려면 우리가 알고 있는 기존의 틀을 깨야 가능한 거다. 유머는 일종의 돌연변이라고도 할 수 있다. 사고가 유연하지 못하거나 창의적이지 못하면 절대 유머를 잘할 수 없다. 이제는 창의적인 인재가 대접받는 시대다. 직장에서 창의적인 사람으로 대접받고 싶으면 유머 있는 사람이 되어야 한다.

유머 있는 사람은 공부하는 사람이다. 유머는 그냥 생기는 게 아니기 때문이다. 유머도 공부해야 잘할 수 있다. 특히 유머가 없는 사람일수록 공부를 많이 해야 한다. 많이 듣고, 보고, 읽어야 한다. 아는 게 많아야 유머도 잘할 수 있는 것이다. 유머를 잘하는 사람은 남이 보지 않는 곳에서 열심히 공부하는 사람이다.

유머 있는 사람은 실행력 있는 사람이다. 자신이 알고 있는 것, 배운 것을 실생활에서 직접 활용하는 사람이기 때문이다. 유머를 잘하기 위해서는 자신이 알고 있는 것을 어쨌든 실제로 써 먹어봐야 한다. 유머는 때와 장소에 따라서도 반응이 다를 수 있다. 어떤 자리에서는 반응이 좋았는데, 어떤 자리에서는 썰렁해지기도 한다. 심지어 대상에 따라서도 반응이 제각각이다. 따라서 유머는 실제 해보지 않고서는 절대 알 수 없다. 그러니 가능한 한 많이 활용해 봐야 한다. 유머도 자꾸 해봐야 늘고, 하다 보면 요령도 생긴다. 이처럼 유머를 잘한다는 것은 그만큼 그 사람이 실행력이 높다는 것이다.

유머 있는 사람은 조직에서 윤활유 같은 역할을 한다. 썰렁한 분위기 속에서도 유머 한 마디로 조직원들의 웃음을 유발하고 분위기를 반전시킨다. 유머 있는 사람은 유머를 통해 다운된 조직 분위기에 활력을 불어 넣기도 한다. 유머 있는 사람은 에너지가 있는 사람이다.

또한 유머 있는 사람은 긍정적인 마인드를 가진 사람이다. 유머 자체는 긍정적인 언어다. 즐겁고 긍정적인 마인드를 가져야 유머가 나올 수 있다. 부정적인 생각을 갖고 있으면 절대 유머가 나올 수 없다.

유머 있는 사람은 센스 있는 사람이다. 직장 상사가 기분이 좋은지 나쁜지를 파악하고 때와 장소에 맞게 얘기를 할 줄 아는 사람이다. 유머 있는 부하 직원은 상사로부터 사랑을 받는다. 직장에서 유머는 분명 큰 경쟁력이다. 사랑받는 직장인, 성공하는 직장인이 되고 싶은가? 그렇다면 유머 있는 사람이 돼라.

회사생활을 하다 보면 정말 재미없는 사람들이 있다. 아무리 재미있는 얘기도 그 사람 입을 통해서 나오면 그렇게 썰렁할 수가 없다. 설상가상으로 정작 본인은 자신이 재미없다는 것을 잘 모른다는 거다. 소크라테스는 '너 자신을 알라.'고 했다. 이 말처럼 유머 있는 사람이 되려면 먼저 자신을 알아야 한다. 자신이 유머 있는 사람인지 그렇지 않은 사람인지를 깨닫는 게 중요하다. 그래야만 자신이 부족한 유머 감각을 메우기 위해 노력을 하기 때문이다.

때로는 자신이 유머가 없다는 얘기를 들어도 흘려듣는 사람이 있다. 그런 사람은 왜 유머를 잘해야 하는지를 모르는 사람이다. 즉, 필요성

을 느끼지 못한다. 유머를 잘하려면 유머의 필요성을 스스로 느껴야
한다. 그래야만 유머를 잘하려고 노력을 하게 되는 것이다.

직장에서 힘든 일 중에 하나가 직장 상사가 재미없고 말이 많은 경
우이다. 한없이 지루한 얘기를 끝까지 들어주고 있는 자신의 모습을
한 번 상상해 봐라. 생각만 해도 등골이 오싹해지지 않는가. 더 대단한
것은 그 얘기를 정말 경청하고, 거기에다 온갖 추임새까지 넣어가면서
열심히 들어주는 부하 직원들이 있다는 것이다. 감탄이 절로 나올 일
이다. 그런 걸 보면 먹고사는 문제가 중요하긴 한가 보다. 좌우지간 재
미없는 사람과 함께 일하는 것은 큰 고역이다.

유머를 잘하려면 유머 잘하는 사람을 관찰하고 모방하는 게 중요하
다. 모방은 창조의 어머니라고 하지 않았는가? 모든 배움의 첫 시작은
모방이다. 유머를 잘하고 싶으면 방송에서 개그맨들이 하는 유머를 잘
관찰해 보면 힌트를 얻을 수 있을 것이다. 앞서 얘기한 바와 같이 유
머를 잘하려면 끊임없이 공부하고 실천해야 한다. 책이나 잡지, 신문,
TV 등 재미있는 내용이 있으면 메모하고, 항상 어떻게 써 먹을 것인
가를 고민해야 한다. 처음에는 모방으로 시작해서 계속 노력하다 보면
자신만의 재미있는 유머를 할 수 있을 것이다.

유머는 직장생활뿐만 아니라 인생을 살아가는 데 활력소가 된다. 그러니 유머의
중요성을 인식하고 유머 있는 사람이 돼라.

04 직장생활의
큰 복 중의 하나

　신규 프로젝트 수행을 위해서 새로운 부서에 갔을 때의 일이다. 감정 기복이 심하고 고집도 세고, 남의 말을 잘 듣지 않는 직원이 있었다. 그 직원은 자신이 기존 업무를 잘 안다고 정보를 독점하고 자료 공유도 하지 않으며, 지시한 일조차 하지 않았다. 외부 손님과 미팅할 때도 에티켓이 없었다. 상담 중에 아무 얘기 없이 혼자 나가서 잡담을 하고, 미팅이 끝난 후에는 손님이 가는데도 그냥 앉은 채로 잘 가라는 인사만 할 뿐이었다.

　더욱이 부서에 새로 온 나를 길들이려고 하는 것이었다. 한번은 팀장님이 준 자료를 공유하지 않고 있다가, 팀장님이 물어보자 그제야 주는 것이었다. 그것도 복사를 한 다음 중요한 부분은 빼고 말이다. 이런 어처구니없는 일은 처음 겪어 봐서 황당했다. 하지만 그 상황에서 직접적인 대응은 하지 않았다. 당시에 화를 참지 못하고 감정을 표출해 봤자 나만 나쁜 놈이 될 가능성이 높아 보였고, 그 직원이 어떻게 중상모략을 할 지 모를 일이었기 때문이다. 그때 나는 부하 직원이 참 무섭다는 것을 실감할 수 있었다.

직장에서 상사를 잘 만나는 것도 복이지만, 부하 직원을 잘 만나는 것도 큰 복이다. 상사에게 받는 스트레스는 그렇다 치더라도, 후배나 부하 직원에게 받는 스트레스는 정말 괴롭다.

한번은 생각하는 능력이 많이 떨어지고 꼼꼼함이 부족한 후배 직원 K와 함께 일한 적이 있다. 사실 이런 유형의 부하 직원이 가장 일하기 힘들다. 한번은 K가 제품의 생산주문을 잘못 넣어서 다른 제품이 생산된 것이다. 또 한번은 생산 일정이 지연되었는데, 중간에 충분히 개선할 수 있었음에도 불구하고 부주의하게 그냥 넘어간 것이다. K에게 따끔하게 주의를 주었으나, 그 친구는 그 이후에도 같은 실수를 되풀이하곤 했다. 단순한 실수는 쉽게 개선할 수 있다. 하지만 생각하는 능력은 하루아침에 개선되는 것이 아니므로 참 답답한 노릇이었다. 이런 경우에는 야단도 칠 필요가 없다. 가능한 한 문제가 발생하지 않도록 직장 상사가 더욱 신경을 쓰는 게 최선이다.

이번에는 친구 H의 얘기다. 친구 H가 새로운 회사 팀장 자리로 옮긴 지 얼마 되지 않아서 일어난 일이라고 한다. 하루는 한 부하 직원이 친구 H의 자리로 조용히 와서는 심한 욕을 했다는 것이다.

"XX놈아, 네가 팀장이면 팀장이지, 뭔데 나한테 이래라 저래라 지시를 해."

당시 H는 새로운 회사에 간 지 얼마 되지 않았고, 섣불리 대응했다가는 자신의 이미지만 나빠질 것 같아서 일단 참았다고 한다. 물론 그 직원은 그 일이 있고 얼마 안 되서 회사를 그만두었다. 친구는 나중에 그 직원이 욕을 한 이유를 알게 되었다. 그 직원은 H가 오기 전까지 팀장 대행을 했고, 회사 임원으로부터 신뢰를 받았다고 한다. 그런데 H가 새로운 팀장으로 오자 위기의식을 느꼈고, 임원의 신임만 믿고 처음부터 H를 무시하고 심한 욕을 한 것이었다. 그러나 점점 임원이 H를 신임하게 되자, 결국 그 부하 직원은 회사를 그만두게 되었다. 이처럼 황당한 경우도 있다.

난 지금까지 다양한 후배 직원들과 함께 일해 봤다. 그중에서 가장 사랑스러운 후배는 역시 일 잘하고 예의 바른 후배 직원이다. 이런 직원은 모든 사람들로부터 사랑을 받는다. 그리고 로열티가 높은 직원이다. 특히 위로 올라갈수록 상사는 부하 직원의 로열티를 더 보게 된다. 로열티가 없으면 아무리 뛰어난 능력이 있다고 하더라도 윗사람의 신뢰를 받을 수 없다. 그다음이 일은 무난히 하고 예의가 바른 친구다.

반면, 직장에서 함께 일하기 싫은 부하 직원 중 하나는 태도가 좋지 않은 직원이다. 즉 겸손하지 않고 예의 바르지 않은 경우다. 때로는 이런 직원은 부서장의 총애를 받는다고 선배 직원을 무시하기도 한다. 그런데 이런 직원은 자기 잘났다고 버릇없이 깝죽이다가는 한 방에 훅 가는 수가 있다. 그리고 직장에서 가장 힘든 부하 직원은 바로 일도 못하고 예의도 없는 직원이다. 이런 부하 직원을 만나면 직장생활은 운도 한참 없는 거다.

나는 후배 직원들에게 항상 하는 말이 있다.

"회사에 들어온 이상 실력은 비슷하다. 결국 태도에 따라 승패가 갈린다. 예의 바르고 겸손한 태도가 정말 중요하다. 아무리 실력이 있다고 하더라도 윗사람에 대한 예의가 없으면 오래 갈 수가 없다."

누구나 일 잘하고 예의 바른 후배를 좋아한다. 일은 잘하지만 무례한 사람은 부담스럽다. 직장 상사도 감정을 가진 사람인지라 편한 부하 직원이 좋을 수밖에 없다. 부담스러운 부하 직원은 불편하고 결국 오래 함께 일하기가 어렵다. 그런 친구는 업무상 목적이 다하면 결국 그 관계는 끝나 버리고 만다.

그렇다면 직장 상사로서 부하 직원을 어떻게 대하는 것이 지혜로운 방법일까? 일단 부하 직원이 앞으로 잘 성장할 수 있도록 잘 가르치고 지원해야 한다. 그게 직장 상사이자 선배로서의 책임이다. 하다 보면 부하 직원이 업무상 실수를 할 수도 있다. 그때는 부하 식원이 자신의 잘못을 진심으로 깨닫고 같은 실수를 반복하지 않게 하는 것이 중요하다. 호통을 칠 필요도 없다. 부하 직원이 알아들을 수 있도록 조용히 말로 얘기하면 된다. 본인이 화가 나서 호통을 치면 순간 자신의 마음은 시원해질 수 있다. 하지만 듣는 입장에서는 상사의 말이 귀에 들어오지 않는다. 오히려 자기 잘못을 뉘우치기보다는 상사에 대한 나쁜 감정을 만들 수도 있다. 또한 소리치는 자신의 이미지만 나빠질 뿐이다. 지금껏 감정적으로 부하 직원을 대해서 잘되는 경우를 못 봤다. 심한 말을 하고 나면 말한 자신 또한 마음이 편치가 않다. 그리고 감정적으로 말해서 얻을 게 하나도 없다.

특히 많은 사람들이 있는 자리에서 공개 망신을 주는 것은 절대 금물이다. 그런 말에 부하 직원은 큰 상처를 받을 수 있고 이를 문제 삼을 수도 있다. 그러면 한순간에 직장생활에 위기가 올 수도 있다. 특히 여직원한테는 조심해야 한다. 폭언이나 성희롱 문제는 매우 민감한 사안이기 때문이다. 순간의 잘못으로 잘나가던 사람이 하루아침에 회사를 나가는 경우도 있다.

아무리 생각해 봐도 부하 직원을 대하는 가장 좋은 방법은 직장 상사로서 포용의 리더십, 섬김의 리더십으로 대하는 것이다. 리더로서의 포용력을 갖고 아랫사람을 섬긴다는 마음으로 부하 직원을 대하면, 부하 직원과의 관계에서 크게 문제 될 것은 없다고 본다. 그리고 부하 직원들이 성장할 수 있도록 항상 격려하고 끊임없이 동기부여를 해야 한다. 그것도 진정성 있게 말이다. 그것이 복 없는 직장 상사가 현명하게 직장생활을 하는 지혜가 아닐까?

훌륭한 리더는 말이 아닌 실행으로 보여준다.

05 상사에게 인정받기 위한 기본 필수품

직장에서 얄미운 부하 직원이 누군지 아는가? 말 많고 정작 맡은 일에는 전혀 꼼꼼하지 않은 직원이다. 부하 직원이 꼼꼼하지 못하면 그 직원 자신도 힘들지만 상사 또한 괴롭다. 일단 그 직원에게 업무를 맡기기가 무서워진다. 또 어디서 사고를 칠지 모르기 때문이다. 직장에서 일처리 하는데 꼼꼼하지 못하면, 상사나 주변사람들로부터 절대 신뢰를 받을 수 없다. 꼼꼼함은 직장인의 기본이다.

직장생활에서 꼼꼼함의 중요성을 쉽게 접할 수 있는 게 바로 보고서 작성할 때이다. 보고서를 대충 작성해서 직장 상사에게 들고 가면, 백전백패한다. 직장 상사는 귀신 같이 보고서의 잘못된 것들을 잡아낸다. 직장 상사는 빨간펜 선생이다. 요즘은 그런 상사가 많이 사라졌지만, 내가 입사했을 때만 해도 그런 상사가 많았다. 보고서를 들고 가면 빨간색 사인펜으로 보고서를 마구 난도질했다. 첫 문장만 보고는 힘들게 만들어 간 보고서를 집어던지는 상사도 있었다. 나에게는 보이지 않는 오타가 상사에게는 그렇게도 잘 보이는 것이었다. 귀신이 기절할 정도이다. 오타가 있는 보고서는 그만큼 신뢰가 떨어진다. 정성을 들이지 않았다는 것으로 보여지기 때문이다. 그래서 보고서는 정말 꼼꼼히 써야 한다. 몇 번을 보고 또 봐야 한다.

또한 업무에 꼼꼼하지 않으면 사고가 난다. 나는 해외 영업을 하면서 꼼꼼하지 못해서 사고가 나는 것을 많이 봤다. 한번은 후배 직원이 생산제품을 잘못 투입해서 납기가 큰 차질이 벌어지기도 했고, 담당 직원의 부주의로 고객사에 오픈하지 말아야 할 가격 분석표가 노출되어 고객사로부터 큰 항의를 받은 적도 있었다. 신용장에 있는 오타를 발견하지 못해서 제품에 대한 돈을 받지 못할 상황까지 간 적도 있었다. 심지어는 신용장에 기입된 선적서류 제출 기일을 하루 늦게 제출한 이유로 고객사가 물대 지급을 거부한 적도 있었다. 물론, 우여곡절 끝에 제품 가격을 깎아주고 어렵게 대금은 받을 수 있었지만, 꼼꼼함이 부족한 탓에 치른 대가로는 너무 큰 희생이었다. 비즈니스를 함에 있어 꼼꼼함은 기본 중의 기본이다

직장생활 하면서 꼼꼼함은 회사 경영진을 모시고 큰 회의나 행사를 준비할 때도 매우 중요하다. 사소한 실수로 준비한 것을 망칠 수 있기 때문이다. 해외 주재 생활을 하면서 경영진을 모시고 회의를 하는 경우가 있다. 회의를 하세 되면 장소 섭외부터 테이블 세팅, 좌석 배치, 회의자료, 문구류, 음료, 차량 예약, 식당 및 메뉴 선정, 공항 픽업

등 챙겨야 할 것이 너무 많다. 보통 회의 전날은 현지 사정상 거의 밤을 새워서 회의 준비를 해야 한다.

특히 의전 하는 일은 각별히 신경을 써서 꼼꼼히 챙겨야 한다. 의전은 꼼꼼함의 백미라고 할 수 있다. 요즘은 의전문화가 많이 개선되었지만, 예전에는 괜히 잘못했다가는 실컷 준비해 놓고 욕만 먹는 경우도 있었다. 의전은 공항 픽업부터 방 예약, 식사 메뉴 등 세심하게 신경 쓸 게 한두 가지가 아니다. 혹시라도 윗분을 모시고 주요 고객과 미팅이 있는데, 현지 사정으로 약속 시각이 늦어지는 등 예상치 못한 상황이 발생하기라도 하면 바로 옥에 티가 되는 거다. 이처럼 주요회의나 행사를 할 때는 어느 때보다도 꼼꼼해야 한다.

직장 상사와 함께 출장을 갈 때도 마찬가지다. 호텔, 비행기 좌석 등을 사전에 예약해야 하고, 이동하면서 함께 할 대화 주제, 현지 식사 메뉴, 고객사 방문 시 선물 등 사소한 것까지 꼼꼼히 챙겨야 한다.

한번은 직장 상사와 해외출장을 함께 갈 때의 일이다. 상사는 비즈니스 석, 나는 이코노미 석에 탔다. 현지 공항에 도착하면 비즈니스 석에 탄 상사가 먼저 내리게 되어 있다. 먼저 나는 목적지에서 짐 찾는 시간을 줄이기 위해서 짐을 최대한 줄여서 화물칸에 짐을 부치지 않고 그냥 들고 비행기를 탔다. 그리고 상사를 기다리게 하지 않기 위해서 나의 좌석은 뒤쪽 열 자리임에도 불구하고 짐은 맨 앞쪽 좌석 위에 실었다. 그리고 난 다음 비행기가 현지 공항에 착륙하여 정지하자마자, 난 짐이 있는 맨 앞줄로 곧장 뛰어가서 짐을 내리고, 비즈니스 클래스 고객들이 나갈 때 바로 이어서 따라 나갈 수 있도록 준비를 했다. 이처럼 직장 상사와의 동행 출장일 때는 이렇게 세세한 것도 신경 써야 한다. 직장 상사는 자신의 최대 고객이기 때문이다. 그래야만 직장생활이 편해질 수 있다.

지금까지 얘기한 것들은 직장생활에서 벌어지고 있는 일들에 비하면 빙산의 일각에 불과하다. **중요한 것은 직장에서 꼼꼼하지 않으면 절대 신뢰를 받을 수 없다는 것이다. 직장 상사나 동료 등 사람과의 신뢰관계에도 금이 갈 수밖에 없다. 만약 꼼꼼하지 않고 자꾸 실수하게 되면, 결국 상사는 그 직원을 포기하게 된다. 직장에서 한 번 낙인찍히면 만회하기가 어렵다. 참 무서운 얘기다.**

결국 꼼꼼함도 습관이다. 업무시간에는 항상 긴장감을 유지하고 꼼꼼히 일 처리를 하려고 각별히 신경을 쓰면서 일을 해야 한다. 그리고 자꾸 반복해서 습관으로 만들어야 한다. 그렇지 않으면 나중에 몇 배의 노력을 해야 한다. 직장에서 꼼꼼함은 업무적으로 신뢰를 받기 위한 직장인의 기본이자 필수품이라는 것을 다시 한 번 명심해야 할 것이다.

꼼꼼하기 위해서는 적어야 하고, 적는 자만이 생존할 수 있다.(적 · 자 · 생 · 존!)

06

글로벌
인재의 조건

난 23개국 60여개 도시를 다니면서 비즈니스를 했다. 각기 다른 언어와 문화를 가진 다양한 사람들과 만나고 많은 얘기를 나누면서 그들과 의견 일치를 보는 게 있었다. 세상의 변화 속도는 점점 더 빨라지고, 경쟁 또한 국경을 초월한 무한경쟁으로 갈 수밖에 없다는 것이다. 다시 말하면 점점 먹고 사는 게 힘들어진다는 말이다. 오늘보다는 내일이 더 살기가 빡빡해진다는 거다. 이제는 국내를 넘어 세계를 무대로 활약하는 인재가 되겠다는 생각으로 준비를 해야 한다. 그것도 한 살이라도 젊었을 때부터 치열하게 말이다.

그렇다면 과연 글로벌 인재가 갖추어야 조건들로는 무엇이 있을까? 그 간 해외 비즈니스를 해 오면서 보고, 듣고, 느낀 점들을 바탕으로 몇 가지만 얘기해 보고자 한다.

글로벌 인재가 갖추어야 할 조건으로 제일 먼저 떠오르는 것이 있다면, 바로 외국어 역량일 것이다. 좀 더 구체적으로 얘기하자면 영어를 잘해야 한다고 생각할 것이다. 요즈음은 중국어도 그렇고, 필요에 따라서는 다른 언어도 필요할 것이다. 하지만 외국어만 잘한다고 글로벌 역량이 다 갖추어졌다고 보면 큰 오산이다. 외국어는 하나의 커뮤니케이션 툴에 불과할 뿐이기 때문이다. 즉 자신의 생각을 전달하기 위한 수단에 불과하다는 말이다.

글로벌 인재로서의 가장 기본은 우리의 것을 잘 알아야 한다는 것이다. 우리의 역사, 문화, 생활습관 등을 제대로 알고, 얘기할 수 있어야 한다. 그래야만 다른 나라 사람들을 만나서도 얘기할 거리가 있는 것이고, 우리의 것을 알려주고 그들의 것들을 듣고 알아가는 과정에서 자연스럽게 서로의 마음을 터놓는 사이로 발전할 수 있게 되는 것이다.

'안녕', '반갑다', '밥 먹었냐?' 등 단순 인사만으로는 절대 친구가 될 수 없다. 친구가 되기 위해서는 취미 등을 함께 공유하고, 깊이 있게 얘기를 할 수 있는 콘텐츠가 있어야 한다. 그 콘텐츠가 바로 자기 나라의 역사나 문화 등과 같은 것들이다. 그것에 대한 이해와 생각이 제대로 잘 정리되어 있어야만 남들에 대한 이해와 공감, 소통도 가능해 지는 것이다. 다시 말하면 우리의 것을 먼저 아는 것, 그것이 글로벌 인재로서의 가장 기본이다.

이제 우리의 것을 알았다면, 그 다음은 상대방을 아는 것이다. 만약 자신이 해외 영업을 하고 있다면, 자신이 담당하고 있는 나라의 역사, 문화, 생활습관 등 전반적인 지식을 공부하고 잘 익혀두어야 한다.

거기에 자신만의 느낌이나 생각을 잘 정리해 두는 것이 중요하다. 실제 해외 비즈니스를 할 때 상대방의 역사, 문화, 생활 등에 대해 잘 알아두면, 처음 만나서 관계를 쌓아 가는 데 많은 도움이 되기 때문이다.

사실 비즈니스를 하면서 다른 나라 사람들을 만날 때 어려운 점 중 하나가 비즈니스 애기 말고는 할 애기가 그렇게 많지 않다는 것이다. 특히, 저녁식사를 하면서 나눌 적절한 대화 주제를 찾기가 참 쉽지가 않다. 짧은 시간도 아니고 긴 시간을 애기해야 하는데 말이다. 어느 수준까지는 누구나 대화를 할 수 있다. 하지만, 좀 더 깊이 있게 하려면 그들과 함께 공유할 수 있는 주제들에 대해 많이 알아야 한다. 상대방 나라의 경제, 문화, 사회 등에 대해 잘 알고 있으면 상대방도 좋아할 뿐만 아니라 자신 또한 그들과 함께 하는 시간이 참 즐겁다. 그렇지 않으면 그 시간만큼 힘든 시간도 없다.

그리고 글로벌 인재가 가져야 할 자질 중 중요한 것이 바로 적응력이다. 세계 어디를 가더라도 잘 살아남을 수 있는 적응력 말이다. 여러 나라를 돌아다니다 보면, 우리나라가 참 살기 좋은 곳이라는 것을 절실히 느끼게 된다. 나는 인도에서 지역 전문가, 주재원으로서 생활했다. 인도 생활을 한마디로 표현하자면 오지 체험 삶의 현장이다. 심하게 말하면 인도에서 오래 살면 수명은 단축된다. 물론 이 말은 그만큼 힘들다는 말이다. 나쁜 공기와 물 문제, 더운 날씨, 이름 모를 수많은 병원균과 생명을 위협하는 모기들, 그리고 열악한 병원시설 등 생활을 힘들게 하는 게 한두 가지가 아니기 때문이다.

한번은 지역 전문가로 인도에 와서 얼마 되지 않았는데 장에 탈이 난 것이다. 갑자기 온몸에 식은땀이 나고 설사가 나기 시작했다. 현지 물을 잘못 먹은 것이었다. 신경을 쓴다고 했는데도 불구하고, 이곳 저 곳을 분주히 다니면서 무더운 날씨에 그만 물을 잘못 먹은 것이었다. 정도가 심하여 탈진 상태가 되었고, 결국 응급실에서 링거 주사를 맞는 상황까지 가고 말았다. 그 여파는 며칠간 계속되었다. 말로만 듣던 인도에서 물 조심을 해야 한다는 이유를 정말 실감할 수 있었던 경험이었다.

인도에서 불편했던 생활을 얘기하자면 밤을 새워도 시간이 모자랄 정도다. 나온 김에 조금만 더 얘기하겠다. 인도에는 길거리에서 차들이 서로 양보하는 모습을 찾아보기가 정말 어렵다. 아무리 학교에서 도덕 교육이 없다고는 하지만, 해도 해도 너무한다는 생각이 들 때가 많다. 좁은 길에서 양쪽의 두 대의 차가 마주치면 어느 쪽에서도 절대 물러서는 법이 없다. 조금만 양보하면 쉽게 빠져나갈 수 있는데도 말이다. 두 쪽 다 끝까지 길을 틀어막고 버티고 있는 거다. 그 뒤에 줄 서 있는 많은 차들이 '빵빵'거려도 아랑곳하지 않는다. 그 광경을 지켜보면서 답답할 때가 한두 번이 아니었다.

교통이 혼잡한 사거리에서는 그 수준이 정말 가관이다. 신호가 바뀌는 순간, 아직 다른 방향 차선의 차들이 빠져나가지 못했는데도 불구하고, 다른 방향 차선에서 대기하고 있던 많은 자동차, 오토바이, 인력거들이 동시에 달려들어서 사거리를 점령한다. 그러면 아직 빠져나가지 못한 차들과 한데 엉켜서 옴짝달싹 못하는 대혼란이 벌어진다.

만약 비라도 오는 날이면 그 상황은 최고조에 달한다. 인도 델리는 도로의 배수 상태가 좋지 않기 때문에 조금만 비가 오게 되면 곳곳에서 물이 넘쳐 난다. 이로 인해 노후화된 자동차들이 고장이 나고, 그래서 길거리에 그냥 퍼지는 상황이 초래된다. 거리는 넘쳐나는 물과 그 속에서 허우적대고 있는 고장 난 자동차, 필사적으로 그 곳을 빠져나오려고 하는 차들이 한데 엉켜서 순식간에 아수라장이 되고 만다. 뿐만 아니라 거리의 구석구석에 쌓여 있던 오물들이 거리로 마구 쏟아져 나온다. 차 안에서 이런 광경을 직접 보고 있노라면 짜증과 때로는 두려움까지 느껴진다. 몇 번 그런 경험을 하고 나면, 비 오는 날은 걱정부터 앞선다.

한번은 지방 출장을 마치고 공항에 내렸는데, 비로 인해서 집까지 보통 15분이면 충분히 갈 수 있는 거리가 4시간이 걸린 적도 있었다. 신호등이 고장 나고, 일부 지역이 침수되었기 때문이다. 문제는 그러한 상황이 발생해도 수습하려는 경찰이나 관련 담당자들도 없다는 것이다. 한마디로 Incredible India(?)다. 인도에 오면 한 눈을 지그시 감고 정 붙이고 살아야 한다. 나쁜 것은 보지 말고, 좋은 것만 보면서 말이다. 그게 인도에서 살아남기 위한 생존전략이다.

이처럼 글로벌 인재라면 자신이 자란 곳과는 전혀 다른 척박한 환경에서도 생존할 수 있는 잡초 같은 적응력이 있어야 한다.

여기에 추가할 것이 바로 사고의 유연성이다. 해외에서 외국인 직원들과 함께 일하다 보면 생각하는 면에서 많이 다름을 알게 된다. 그로 인해 이견이 발생하고 상충되기도 한다. 그때 한 발짝 뒤로 물러서서 생각하고 그들을 이해하려고 하는 유연성이 있어야 한다. 조금만 생각해 보면 그들이 나와 다른 사고방식을 갖고 있다는 것은 지극히 당연한 일이라는 것을 알게 된다. 항상 사고의 유연성을 갖고 역지사지의 관점에서 그들을 이해하고 대화하려고 노력해야 한다. 그러면 그들 또한 마음의 문을 열게 되어 있다. 만약 그 다름을 인정하지 않고 자신의 생각만을 고집한다면 그들과 함께 일한다는 것은 사실상 어렵다고 봐야 한다. 즉 글로벌 세상에서 살아남을 수 없다는 말이기도 하다.

글로벌 인재의 조건으로 또 하나 빼놓을 수 없는 것이 공감 능력이다. 즉 상대의 말을 공감하고 이해하는 능력 말이다. 가끔씩 공감 능력이 떨어지는 사람과 얘기를 하다 보면, 그렇게 재미가 없을 수 없다. 이야기를 이어가기조차 힘들다. 나는 열을 올려가며 얘기를 하고 있는데, 상대는 내 이야기를 듣는 둥 마는 둥 시큰둥한 반응을 보이면 얘기하고 싶은 마음이 확 사라진다. 김이 푹 빠지는 거다. 이런 사람과 과연 좋은 관계를 만들 수 있을까? 절대 불가한 일이다. 반면, 어떤 사람과는 얘기하면 절로 흥이 난다. 내 이야기를 이해하고 경청하며 적극적인 공감을 해 주기 때문이다. 이런 사람과는 짧은 시간을 얘기해도 한참을 알고 지낸 사이처럼 느껴진다. 이처럼 공감 능력은 그 사람의 매력이라고 할 수 있다.

공감 능력은 다른 나라의 사람들과 만나서도 그대로 적용된다. 언어와 문화, 생활습관 등은 달라도 느끼는 감정은 비슷하기 때문이다. 그들 중에도 누구와 얘기를 하면 참 재미있는데, 누구와는 정말 무미건조하다는 것을 느낀다. 결국 사람이 느끼는 건 나라가 달라도 비슷하다는 생각이 든다.

글로벌 인재라면 갖추어야 할 것이 또 하나가 있다. 바로 호기심이다. 새로운 것을 보면, 저건 왜 저럴까? 하는 궁금증과 함께 그것에 대해 알고 싶어 하는 강한 호기심 말이다.

자동차 왕 헨리 포드는 "배움을 멈추는 사람이 바로 늙은이다. 반대로 꾸준히 배움을 계속하는 사람은 나이와 숫자와 무관하게 젊음을 유지한다."고 말한 바 있다. 그렇다. 배움을 멈춘 사람은 성장이 멈춘 사람들이다. 지속적으로 성장하고 젊음을 유지하기 위해서는 배움을 계속해서 이어가야 한다. 그 배움에 대한 열정은 바로 강한 호기심에서 나온다. 항상 호기심을 갖고 끊임없이 탐구하고 자신을 지속적으로 업그레이드 할 수 있는 사람만이 지속 성장이 가능한 것이다. 바로 그런 사람이 글로벌 시대에 걸맞는 인재이다.

글로벌 인재가 갖고 있어야 할 가장 중요한 것은 바로 열정이다. 모든 성공한 사람들은 남다른 열정이 있었다. 열정 없이는 어떠한 일도 이룰 수 없다. 설사 자신이 약점이 있다고 해도 열정만 있으면 그 약점을 극복할 수 있다. 열정만 있으면 전 세계 어디를 가더라도 어려움을 극복하면서 잘 살아갈 수 있다. 열정은 만국공통의 성공에너지이다. 열정이 있으면 모든 사람이 그 열정을 느끼게 되어 있다. 열정은 모든 일의 성공을 가능케 하는 힘이다. 또한 글로벌 인재의 가장 중요한 역량이다.

지금까지 글로벌 인재로서 갖추어야 할 기본적인 조건들에 대해 얘기했다. 물론 다른 중요한 자질이나 역량들이 있을 수 있다. 분명한 것은 이런 글로벌 인재의 주요 역량들은 앞으로 점점 중요해질 것이며,

회사에서 그 역량을 가진 사람과 그렇지 못한 사람과의 차이는 더욱 더 벌어질 것이다. 그럼, 여기서 어떻게 준비할 것인가에 대한 질문이 나올 수 있다. 그에 대한 해답은 간단하다. 진부한 얘기로 들릴지 모르지만, 개인 차원에서 미리미리 준비하는 것밖에는 다른 뾰족한 묘수가 없다. 그것도 절박하게 말이다. 그 길만이 다가오는 글로벌 풍랑 속에서 살아남을 수 있는 경쟁력을 기르는 가장 좋은 방법이다.

우리의 것을 잘 알고, 상대방을 아는 것, 적응력, 유연성, 공감 능력, 호기심 그리고 열정, 이것이 글로벌 인재가 되기 위한 주요 조건이다. 그중에서도 열정이 가장 중요하다.

07

직장에서 반드시
있어야 할 것과 없어야 할 것

"회사에서는 절대 적을 만들지 마라!"

직장생활을 하다 보면 흔히 듣는 말이다. 나에게 나쁜 감정을 가진 사람들은 나를 잘되게는 못해도 못 되게는 할 수 있기 때문이다. 즉 결정적인 순간 나의 발목을 잡을 수 있다는 말이다. 예를 들어, 자신이 희망하는 부서로 가고자 할 때 그 부서에서는 자신에 대한 인물평을 사전에 조사하는 것이 일반적이다. 그때 자신에 대해 반감이 있는 사람들은 분명 좋지 않은 얘기를 할 가능성이 높다. 그렇게 되면 그 부서로서도 좋지 못한 평을 가진 사람을 받기가 부담스럽다. 그렇게 되면 자신이 희망하는 부서로 가기가 어려워진다. 승진할 때도 마찬가지다. 사내에 자신에 대한 부정적인 의견을 가진 사람들이 많으면 승진하기 어려워질 수 있다. 승진은 상대평가이고, 승진심사를 할 때 평이 좋지 못하면 그렇지 않은 사람들보다 우선순위에서 밀릴 수밖에 없다.

이뿐인가. 사내에 적이 많으면 자신이 뭘 하려고 할 때마다 사사건 건 반대의견으로 사람을 피곤하게 만든다. 예를 들어 회의시간에 어떤 주제에 대해 상충되는 이견이 있을 때, 아무리 내 의견이 옳더라도 내 편이 없고 적들이 많으면 내 의견은 당연히 무시당하기 십상이다. 회 사생활을 해 보면 이런 경우가 실제로 많이 발생한다. 그때의 설움은 당해보지 않으면 절대 모른다. 심지어 별것 아닌 사소한 실수라도 하 게 되면, 그것이 빌미가 되어 위기에 봉착할 수도 있다. 평소에 자신을 벼르고 있던 적들이 마치 연합군을 형성하듯, 자신의 실수에 대해 온 갖 비난의 화살을 쏟아붓기 때문이다. 그냥 넘어가도 될 경미한 일도 시말서 작성이나 큰 징계를 받을 수 있다.

최악의 경우는 직장 상사가 자신의 적이 되는 거다. 그야말로 죽음 이다. 평가상의 불이익을 받을 수도 있고, 타 부서로 전배를 가거나 직 장을 떠나야 할 수도 있다. 이때 너무 억울하다는 생각이 들 수도 있지 만 누굴 원망하겠는가? 이 모든 게 자신이 평소에 직장 상사와의 관계 를 잘 못해서 일어난 것이 아닌가?

이런 경우를 볼 때마다 회사에서 사람 관계와 평 관리가 너무 중요 하다는 것을 많이 느끼게 된다. 가끔은 이런 생각이 들 때도 있다. "회 사에서 진실은 중요하지 않다."는 거다. 회사는 진실을 알고 싶어 하 지 않는 것 같다. 다만, 어떤 상황이 일어났을 때 회사가 듣고 싶은 내 용만 듣고 판단한다는 것이다. 결국 자신이 실수했거나 억울한 상황 이 발생했을 때, 만약 아군이 많으면 진실이 밝혀지거나 그 위기를 벗어날 수 있다. 하지만 자신의 아군이 없으면 그 누구도 자신의 말에 귀 기울이지 않는다. 다시 말해 적군이 있는지, 자신을 대변해 줄 아군이 얼마나 되는지가 그 위기상황을 벗어날 수 있는지를 결정짓는 중요한 변수로 작용한다. 그래서 직장 내에서는 가급적 적을 만들지 않는 것이 최선이다.

사내에서 적을 만들지 않기 위한 가장 좋은 방법 중 하나가 바로 겸손이다. 세상에는 잘난 체하는 사람을 좋아하는 사람은 아무도 없다. 상대방이 잘난 것을 인정하면서도 거들먹거리는 모습이 괜히 얄밉고, 그것을 눈뜨고 못 봐주는 게 보통 사람의 마음이다.

일을 아무리 잘해도 예의 없거나 겸손하지 못하면 남들로부터 존경이나 인정을 받기가 어렵다. 자신이 정말 잘났으면 남들도 자신이 잘난 사람이라는 것을 알게 되어 있다. 그럴수록 겸손하면 남들은 자신을 더욱 좋게 볼 것이며, 자연스럽게 남들도 자신을 인정한다. 이것이 바로 겸손의 힘이다. 그렇기 때문에 겸손은 정말 중요한 개인의 경쟁력임을 명심하라.

직장생활을 하다 보면 항상 잘나갈 수만은 없다. 잘나갈 때도 있지만 못 나갈 때도 있다. 또한, 직장에는 아군만 있는 게 아니라 도처에 적군이 있을 수 있으므로 항상 살얼음판을 걸어가듯 사뿐사뿐 사주경계 하면서 조심히 가야 한다. 언제 어디서 위기를 만날지 모를 일이기 때문이다.

그리고 자신이 위기에 처했을 때 최소한 자신을 지원해 줄 수 있는 아군을 꼭 만들어 두어야 한다. 제일 중요한 것은 자신을 알아주고 끌어주는 상사가 자기편이어야 한다는 것이다. 그래야만 남들이 자신을 무시하지 못한다. 또한 자신을 믿어 주는 상사가 있으면, 다소 실수를 하거나 남들이 일부 부정적인 얘기를 해도 그 부정적인 의견들이 확대되지 않으며 힘을 발휘하지 못한다. 그리고 어려운 상황에서도 벗어날 수 있다.

특히 회사에서는 항상 자신의 몸을 낮추고 평소에 자신의 언행에 각별히 신경을 쓰면서 생활을 해야 한다. 물론 직장생활을 하다 보면 불가피하게 업무적으로 남들과 부딪치는 경우가 종종 발생할 수도 있다. 그렇더라도 나와 다른 생각을 가진 사람들과 감정적으로 대립할 것이 아니라, 원만한 합의를 이끌어 낼 수 있도록 노력해야 한다. 가급적 적을 만들지 않는 것이 상책이다. 그리고 평소에 사람들과 관계를 잘 맺으면서 자신을 지지해 주는 아군을 가능한 많이 만들어 놔야 한다. 이것이 바로 즐거운 직장생활의 비결이다. 다시 한 번 강조해서 말하고 싶다.

"직장에서 아군은 반드시 있어야 한다. 하지만, 적은 절대로 만들지 마라."

회사 내에 적을 만들어서 결정적인 순간 발목이 잡히는 우를 범하지 마라.

행복은 오늘을 재미있고
의미 있게 사는 것

"행복은 재미와 의미가 만나는 곳에 있다."

하버드 심리학 교수인 탈 벤 샤하르(Tal Ben Shahar)가 지은 《해피어》라는 책에 나오는 말이다. 그렇다. 행복은 재미와 의미가 함께 있어야 한다. 재미만을 추구하다 보면 나중에 남는 것이 없다. 공허하고 허무하며 후회가 밀려온다. 그렇다고 의미만 추구하는 것 또한 행복이 아니다. 의미만을 추구하다 보면 현재 삶의 재미를 포기하게 된다. 아름다운 청춘을 재미없이 보낸다면 과연 그 삶이 행복할까? 그 삶 또한 분명 후회하게 되어 있다. 젊은 날을 즐기지 못한 것을 말이다. 그래서 행복은 재미와 의미가 함께 있어야 한다. 달리 말하면, 행복은 지금 의미 있는 일을 재미있게 하는 것이다. 이를 위해서는 꿈이 있어야 한다. 꿈을 향한 일은 재미있고 의미가 있다. 그렇게 의미 있는 꿈을 재미있게 열심히 하다 보면 꿈은 이루어지게 되어 있다. 그리고 꿈을 향해 도전하는 과정에서 우리는 재미를 느끼고 감동하는 삶을 살 수 있다.

고대 철학자 아리스토텔레스 또한 행복을 다음과 같이 정의했다.

"행복이란 산 정상을 향해 올라가는 과정이다."

감탄이 절로 나오는 말이다. 앞서 행복에 대해 얘기한 것과도 일맥상통하는 말이다. 즉, 행복은 산 정상에 도달하는 순간만이 행복이 아니다. 행복은 산 정상에 올라가는 과정에서 겪는 모든 경험을 즐기며, 또한 그 경험들에 의미를 부여하면서 올라가는 것이다. 그렇게 산을 즐겁게 올라가다 보면 우리는 언젠가는 산 정상에 도달할 수 있게 된다. 여기서 산 정상은 꿈이요, 인생 목표이다. 다시 말하면 행복은 꿈을 이루어가는 과정에서 재미를 느끼고 의미를 부여하면서 사는 것이다. 그리고 그 꿈을 이루면 더 큰 행복감을 느낄 수 있다는 거다.

나 역시 지난 20년의 직장생활을 돌아보면, 끊임없는 문제와 위기의 연속이었던 삶이었다. 하지만 직장생활 10년 만에 가슴 뛰는 꿈을 찾은 이후부터는 그렇게 힘들던 직장생활이 신기하게도 재밌고 더 열정적으로 일하게 되었다. 그리고 직장에서 경험하는 일들이 나의 꿈과도 모두 연결되어 있다는 것을 깨닫게 되었고, 하루하루를 재밌고 의미 있게 살 수 있게 되었다. 그렇게 꿈을 찾고 그 꿈을 이루기 위해 공부하고 실천하고 노력한 끝에 나는 목표한 것들을 이룰 수 있었다. 그리고 나서 20년 직장생활을 마감하고 "사람들이 꿈을 찾고 이루는 삶을 살 수 있도록 동기부여하고 돕는 프로 강사가 되겠다."는 가슴 뛰는 꿈을 위해 용기 있게 사표를 내고 출사표를 던졌다. 가보지 않은 세상에 대한 걱정, 두려움과 부담감도 있었지만, 오랫동안 준비하고 꿈꾸었던 일을 한다는 설렘과 새로운 꿈을 향한 열정과 그 꿈을 이룰 수 있다는 믿음이 있었기에 용단을 내릴 수 있었다. 간절히 원하던 회사에 입사해서 23개국 60여 개 도시를 다니면서 해외 비즈니스를 하고, 하고 싶은 일들을 모두 해보면서 경험을 쌓았던 행복한 직장생활이었다. 돌이켜 보면 운이 좋았고 감사할 따름이다.

비록 우리가 다니고 있는 직장의 현실은 녹록지 않은 생활이지만, 실제로 꿈을 이루어 가는 삶을 살아보면 그 일상 속에서 감동과 감탄하는 삶을 살 수 있다. 또한 꿈이 있어야만 문제와 위기의 연속인 직장생활에서 위기를 기회로 만들 수 있다. 그렇지 않으면 위기는 단지 위기이며 재앙일 뿐이다.

그리고 행복한 삶은 내가 있는 곳에서 꿈을 위해 오늘을 몰입하는 삶이다. 꿈을 향해 하루하루를 충실히 살아가면서 재미를 느끼고 의미를 부여하면서 최선을 다 하는 삶 말이다.

《멈추면 비로소 보이는 것들》의 저자 혜민 스님 또한 그의 책에서 이렇게 얘기했다.

"순간순간 사랑하고, 순간순간 행복하세요. 그 순간이 모여 당신의 인생이 됩니다."

그렇다. **인생에서 가장 중요한 순간은 바로 지금이다.** 지금 이 순간의 중요성을 자신이 직접 느끼고 깨달아야 한다. 지나간 과거의 시간들은 내가 통제할 수 없고 변화시킬 수도 없다. 통제할 수 있는 시간은 오직 이 순간뿐이다. 이 순간순간이 모여서 나의 인생이 되는 것이다. 과거의 시간들에 대해서 후회해 봤자 시간 낭비일 뿐이며, 지나간 시간은 절대 돌이킬 수도 없다. 과거에 잘못한 것이 있으면 지금 이 순간부터 바로 잡으면 된다. 바로 지금 이 순간부터 새롭게 시작하는 것이다. 또한 바로 지금이 미래를 바꿀 수 있는 유일한 시점이라는 것을 명심하자.

그리고 **중요한 것은 내가 있는 곳에서 지금 바로 행복해야 한다는 것이다.** 미래의 행복을 위해서 지금의 행복을 희생한다? 지금 행복하지 않은 사람이 몇 년 후에 행복하다? 어불성설이다. 오늘 행복하지 않으면 그 삶은 행복하지 않은 것이다. 오늘은 내 평생 다시 오지 않는 하루다. 그렇기 때문에 혼신의 힘을 다해서 오늘 하루를 행복하게 살아야 한다. 지금 오늘을 행복하게 사는 것이 잘사는 거다. 그러므로 어제에 대한 후회와 내일에 대한 걱정으로 오늘을 낭비하거나 포기해서는 절대 안 된다. 나에게 중요한 것은 오늘 바로 이 순간의 행복임을 명심하라. 오늘 이 순간순간을 행복하게 살면, 결국 이 순간이 모여 나의 행복한 인생이 된다. 지금 행복하게 사는 것이 잘사는 것이요, 그 삶이 바로 성공한 삶이요, 행복한 삶이다. 결론적으로 **행복은 꿈을 이루어가는 과정 속에서 오늘을 재미있고 의미 있게 사는 것이다.**

마지막으로 이 책이 나오는 데 도움을 주신 분들께 감사의 인사를 전하고 싶다. 먼저 필자의 글이 한 권의 책으로 엮어져 이 세상에 나올 수 있도록 해 주신 성안당 최옥현 상무님께 깊이 감사드린다. 책을 쓴다는 이유로 집안일도 제대로 도와주지 못하고 신경을 써 주지 못했는데 끝까지 인내하며 아낌없는 지원을 해 준 아내, 그리고 힘들고 지칠 때마다 항상 기쁨의 원천이 되어주고 큰 힘을 준 사랑하는 딸 채원에게도 고맙다는 말을 하고 싶다. 책을 쓰는 과정에서 여러모로 조언을 해 주신 처형이자 사회봉사 단체에서 활동 중인 김애라 대표님께도 감사의 말을 전한다. 오랫동안 말벗이 되어 준 친구 한사민 대표, 양도용 세무사에게도 이번 기회를 빌어 감사의 말을 전한다. 끝으로 이 책이 완성되는 데 도움을 주신 모든 분들께도 다시 한 번 감사드린다.

참 고 문 헌

– 긍정 심리학, 마틴 셀리그만, 물푸레, 2006.

– 해피어, 탈 벤 샤하르, 위즈덤하우스, 2007.

– 죽음의 수용소에서, 빅터 프랭클, 청아출판사, 2005.

– 행복의 조건, 조지 베일런트, 프런티어, 2010.

– 그건, 사랑이었네, 한비야, 푸른숲, 2009.

– 네 안에 잠든 거인을 깨워라, 앤서니 라빈스, 씨앗을 뿌리는 사람, 2002.

– 코끼리와 벼룩, 찰스 핸디, 생각의 나무, 2005.

– 흐르는 강물처럼, 파울로 코엘료, 문학동네, 2008.

– 마법의 순간, 파울로 코엘료, 자음과모음, 2013.

– 죽을 때 후회하는 스물다섯 가지, 오츠 슈이치, 21세기북스, 2010.

– 마지막 강의, 랜디 포시, 살림출판사, 2008

– 행복이란 무엇인가, 하임 샤피라, 21세기북스, 2013

– 피터 드러커의 자기경영노트, 피터 드러커, 한국경제신문, 2007

– 성과를 향한 도전, 피터 드러커, 간디서원, 2006.

– 지금 너에게 가장 필요한 것은, 손정의, 마리북스, 2013.

– 리틀 빅 씽, 톰 피터스, 더난출판, 2010.

– 찰스 핸디의 포트폴리오 인생, 찰스 핸디, 에이지21.

– 아웃라이어, 말콤 글래드웰, 김영사, 2009.

– 비이성의 시대, 찰스 핸디, 21세기북스, 2009.

– 미래 마인드, 하워드 가드너, 재인, 2008.

– 프로페셔널의 4가지 조건, 오마에 겐이치, 랜덤하우스, 2008

– 사내정치, 욥 스레이버르스, 황금가지, 2006.

– 아름다운 마무리, 법정, 문학의 숲, 2008.

– 더 딥, 세스 고딘, 재인, 2010.

– 마키아벨리 어록, 시오노 나나미, 한길사, 2006.

- 습관의 힘, 찰스 두히그, 갤리온, 2012
- 공병호의 자기경영노트, 21세기북스, 2001.
- 인생수업, 법륜, 한겨레출판(휴), 2013.
- 황홀한 글감옥, 조정래, 참언론 시사IN북, 2009.
- 그대, 스스로를 고용하라, 구본형, 김영사, 2007
- 백만장자 마인드, 토머스 J. 스탠리, 북하우스, 2007
- 노는 만큼 성공한다, 김정운, 21세기북스, 2007.
- 아프니까 청춘이다, 김난도, 쌤앤파커스, 2011.
- 멈추면, 비로소 보이는 것들, 혜민, 쌤앤파커스, 2012.
- 네가 어떤 삶을 살든 나는 너를 응원할 것이다, 공지영, 오픈하우스, 2008.
- 공부하는 힘, 황농문, 위즈덤하우스, 2013.
- 삼성 신경영, 삼성 신경영 실천위원회, 1997.
- 1그램의 용기, 한비야, 푸른숲, 2015
   공병호 미래 인재의 조건, 공병호, 21세기북스, 2008.
- 공병호의 우문현답, 공병호, 해냄, 2010.
- 대통령의 글쓰기, 강원국, 메디치미디어, 2014.
- 나는 아내와의 결혼을 후회한다, 김정운, 쌤앤파커스, 2009
- 섬기는 부모가 자녀를 큰사람으로 키운다, 전혜성, 랜덤하우스코리아, 2006.
- 시골의사 박경철의 자기혁명, 리더스북, 2011.
- 공부하는 독종이 살아남는다, 이시형, 중앙북스, 2009.
- 아들아, 머뭇거리기에는 인생이 너무 짧다, 강헌구, 한언출판사, 2001.
- 기대를 현실로 바꾸는 혼자 있는 시간의 힘, 사이토 다카시, 위즈덤하우스, 2015.
- 기대를 현실로 바꾸는 혼자 있는 시간의 힘(실천편), 한상복, 위즈덤하우스, 2016.
- 실행이 답이다, 이민규, 더난출판사, 2011.
- 살아온 기적, 살아갈 기적, 장영희, 샘터, 2009.

– 스펜서 존슨 멘토, 스펜서 존슨, 콘스턴스 존슨, 비즈니스북스, 2007.

– 행복한 출근길, 법륜, 김영사, 2009.

– 천 번을 흔들려야 어른이 된다, 김난도, 문학동네, 2012.

– 행복한 독종, 이시형, 리더스북, 2007.

– 명품 인생을 만드는 10년 법칙, 공병호, 21세기북스, 2006.

– 스티브잡스처럼, 이건희처럼, 날개를 준비하라, 김정구, 천년의보물, 2011.

– 하버드 졸업생은 마지막 수업에서 만들어진다, 하버드경영대 교수진 15인, 세종서적, 2005.

– 꿈꾸는 다락방, 이지성, 국일미디어, 2007.

– 긍정의 힘, 조엘 오스틴, 두란노서원, 2005.

– 인생이란 나를 믿고 가는 것이다, 이현세, 토네이도, 2014.

– 군주론, 니콜로 마키아벨리, 까치, 2003.

– 도쿠가와 이에야스 인간경영, 도몬 후유지, 경영정신(작가정신), 2000.

– 살아 있는 것은 다 행복하라, 법정, 위즈덤하우스, 2006.

– 홀로 사는 즐거움, 법정, 샘터, 2004.

– 목표, 그 성취의 기술, 브라이언 트레이시, 김영사, 2003.

– 아침편지 고도원의 꿈 너머 꿈, 고도원, 나무생각, 2007.

– 인생 수업, 엘리자베스 퀴블러 로스, 이레, 2014.

– 새로운 미래가 온다, 다니엘 핑크, 한국경제신문, 2008.

– 좋은 기업을 넘어... 위대한 기업으로(Good to Great), 짐 콜린스, 김영사, 2007.

Foreign Copyright:
Joonwon Lee
Address: 127, Yanghwa-ro, Mapo-gu, Chomdan Building 6th floor,
         Seoul, Korea
Telephone: 82-70-4345-9818
E-mail: jwlee@cyber.co.kr

행복한 직장생활을 위한 인생 특강

꿈꾸는 직장

2017. 5. 26. 초판 1쇄 인쇄
2017. 6. 2. 초판 1쇄 발행

┌─────────┐
│ 저자와의 │
│ 협의하에 │
│ 검인생략 │
└─────────┘

지은이 | 김동영
펴낸이 | 이종춘
펴낸곳 | **BM** 주식회사 성안당
주소 | 04032 서울시 마포구 양화로 127 첨단빌딩 5층(출판기획 R&D 센터)
      | 10881 경기도 파주시 문발로 112 출판문화정보산업단지(제작 및 물류)
전화 | 02) 3142-0036
      | 031) 950-6300
팩스 | 031) 955-0510
등록 | 1973. 2. 1. 제406-2005-000046호
출판사 홈페이지 | www.cyber.co.kr
ISBN | 978-89-315-8081-5 (03190)
정가 | 14,000원

이 책을 만든 사람들

기획 | 최옥현
진행 · 교정 | 김해영
표지 · 본문 디자인 | 상:想 company
홍보 | 박연주
국제부 | 이선민, 조혜란, 김해영, 고운채, 김필호
마케팅 | 구본철, 차정욱, 나진호, 이동후, 강호묵
제작 | 김유석

■ 도서 A/S 안내

성안당에서 발행하는 모든 도서는 저자와 출판사, 그리고 독자가 함께 만들어 나갑니다.
좋은 책을 펴내기 위해 많은 노력을 기울이고 있습니다. 혹시라도 내용상의 오류나 오탈자 등이 발견되면 "좋은 책은 나라의 보배"로서 우리 모두가 함께 만들어 간다는 마음으로 연락주시기 바랍니다. 수정 보완하여 더 나은 책이 되도록 최선을 다하겠습니다.
성안당은 늘 독자 여러분들의 소중한 의견을 기다리고 있습니다. 좋은 의견을 보내주시는 분께는 성안당 쇼핑몰의 포인트(3,000포인트)를 적립해 드립니다.
잘못 만들어진 책이나 부록 등이 파손된 경우에는 교환해 드립니다.